힘내라!
일본어
단어장

유세미 지음

힘내라! 일본어 단어장

지은이 유세미
감수 다나카 미유키
펴낸이 정규도
펴낸곳 (주)다락원

초판 1쇄 발행 2017년 11월 16일
초판 5쇄 발행 2023년 9월 1일

책임편집 송화록, 손명숙
디자인 하태호, 정규옥
삽화 민효인
사진 출처 Shutterstock, JNTO

㈜다락원 경기도 파주시 문발로 211
내용문의: (02)736-2031 내선 460~465
구입문의: (02)736-2031 내선 250~252
Fax: (02)732-2037
출판등록 1977년 9월 16일 제406-2008-000007호

Copyright © 2017, 유세미

저자 및 출판사의 허락 없이 이 책의 일부 또는 전부를 무단 복제·전재·발췌 할 수 없습니다. 구입 후 철회는 회사 내규에 부합하는 경우에 가능하므로 구입문의처에 문의하시기 바랍니다. 분실·파손 등에 따른 소비자 피해에 대해서는 공정거래위원회에서 고시한 소비자 분쟁 해결 기준에 따라 보상 가능합니다. 잘못된 책은 바꿔 드립니다.

ISBN 978-89-277-1189-6 13730

http://www.darakwon.co.kr

· 다락원 홈페이지를 방문하시면 상세한 출판 정보와 함께 동영상 강의, MP3 자료 등 다양한 어학 정보를 얻으실 수 있습니다.
· 다락원 홈페이지에서 "힘내라! 일본어 단어장"을 검색하시거나 표지의 QR코드를 스캔하시면 MP3 파일 및 관련자료를 이용하실 수 있습니다.

머리말

혼자 시작하는 용기 있는 분들을 위하여

요즘은 인터넷 등 다양한 매체가 발달한 시대인 만큼 외국어 학습 방법도 다양합니다. 뜻을 모른 채 무작정 말만 따라하는 경우도 있고, 드라마나 만화 등을 통해 익숙해지는 방법도 있습니다. 모두 좋은 방법들이지만, 다양한 어휘를 구사하며 정확한 의사소통을 하기 위해서, 또한 사전을 덜 찾으며 어느 정도 긴 호흡의 문장을 이해하려면 어휘 공부는 반드시 필요한 과정입니다.

일본어 기초 문법과 회화를 어느 정도 익히고 나면 앞으로 공부해야 할 단어가 더욱 늘어납니다. 이럴 때 무턱대고 단어를 외우기보다는 관심있는 주제별로 묶어서 공부한다면 다양한 어휘를 체계적으로 익힐 수 있습니다.

『힘내라! 일본어 단어장』은 초급 학습에 필요한 어휘를 20개의 UNIT으로 나누어 일본어 초보자들이 효율적으로 공부할 수 있도록 구성했습니다. 또한 학습 부담을 덜기 위해 예문은 사전처럼 짧고 쉽게 만들었으며, 바로 쓸 수 있도록 원어민 선생님과 함께 실제 쓰이는 회화문을 위주로 구성했습니다. 초급 과정 정리에 도움이 되도록 JLPT N5~N4 수준의 단어를 중심으로 선정했는데, 이는 일상에서 많이 쓰이는 기본 단어로, 회화는 물론 일본어능력시험에도 대비할 수 있을 뿐만 아니라, 중급 수준으로 도약하기 위한 발판이 될 것입니다.

온라인으로 제공하는 무료 음성파일을 최대한 이용하여 단어와 예문을 귀로 익히고, 입으로 발음해 보는 과정을 반드시 거치기를 권장해 드립니다. 어휘 공부는 익숙해질 때까지 여러 번 반복하는 것이 중요하기 때문입니다.

『힘내라! 일본어 단어장』이 여러분의 일본어 기초 학습에 도움이 되길 바랍니다.

저자 유세미

목차

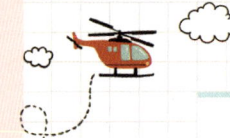

머리말
이 책의 구성과 특징

기본 인사 표현   p.8

UNIT 01	숫자와 시간	p.12
UNIT 02	날짜와 요일	p.16
UNIT 03	신체와 건강	p.23
UNIT 04	인간관계와 성격	p.36
UNIT 05	집과 가정생활	p.50
UNIT 06	날씨와 자연	p.58
UNIT 07	동물과 식물	p.66
UNIT 08	느낌과 감정	p.74
UNIT 09	형태와 성질	p.85
UNIT 10	외모와 쇼핑	p.94

UNIT 11	맛과 음식	p.105
UNIT 12	방향과 위치	p.117
UNIT 13	취미와 여가	p.124
UNIT 14	학교생활	p.129
UNIT 15	직업과 일터	p.139
UNIT 16	교통수단과 이동	p.147
UNIT 17	도시와 거리	p.155
UNIT 18	사건과 사고	p.162
UNIT 19	재난과 재해	p.168
UNIT 20	나라와 세계	p.172

부록

- 조수사 정리표
- 명사 활용표
- い형용사 활용표
- 동사 활용표2
- 조사 정리표
- な형용사 활용표
- 동사 활용표1
- 색인

이 책의 구성과 특징

기본 인사 표현부터 체크!

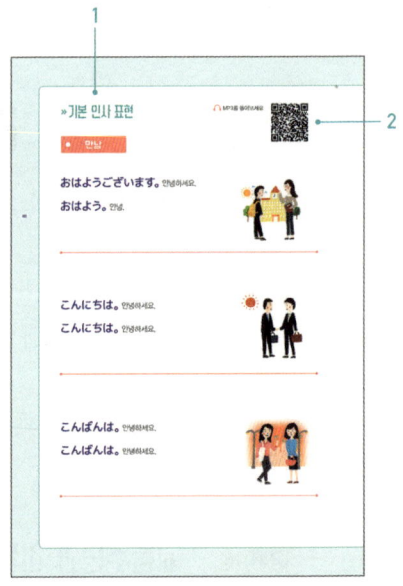

1 일상생활에서 많이 사용되는 기본 인사 표현을 먼저 알아봅니다.

2 QR코드를 통해 MP3 음성을 들어보세요. UNIT(00~20)과 PAGE(008~176)의 두 가지 버전으로 제공됩니다.

그림으로 주제 확인!

각 UNIT의 주제에 관한 어휘를 한 눈에 알 수 있도록 그림으로 표현하였습니다.

예문과 함께 익히는 단어!

1 일본어능력시험에 출제된 어휘에 해당 급수를 표시하였습니다.
2 명사는 명, 동사는 동, 형용사는 い형 와 な형, 관용어는 관 으로 표시하였습니다.
3 현실감 넘치는 예문을 통해 어휘의 의미를 파악할 수 있습니다.

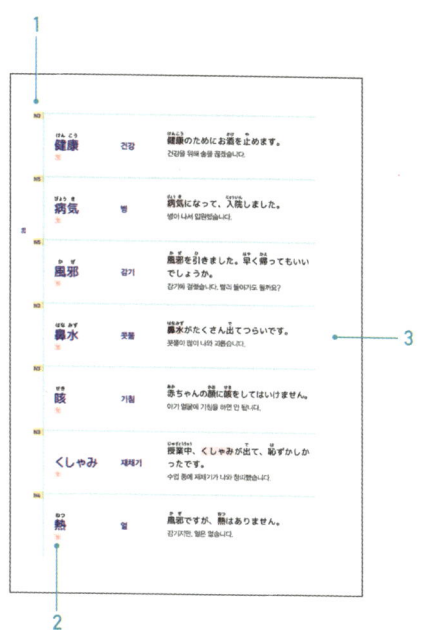

어휘 학습에 힘이 되는 부록!

■ 품사별 정리표
꼭 알아두어야 할 조수사와 조사, 명사, 형용사, 동사를 표로 정리하였습니다.

■ 단어 색인
단어장에 실린 모든 어휘를 あいうえお순으로 정리하였습니다.

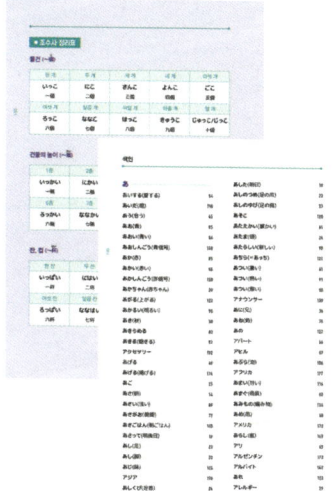

»기본 인사 표현

MP3를 들어보세요

● 만남

おはようございます。 안녕하세요.

おはよう。 안녕.

こんにちは。 안녕하세요.

こんにちは。 안녕하세요.

こんばんは。 안녕하세요.

こんばんは。 안녕하세요.

● 헤어짐

じゃあね。 그럼 내일 봐.

また あした。 내일 봐.

✚ 「さようなら」는 오랫동안 만나지 못하게 되는 경우에 사용하는 인사말입니다.

おさきに しつれいします。 먼저 가 보겠습니다.

おつかれさまでした。 수고했어요.

おやすみなさい。 안녕히 주무세요.

おやすみ。 잘 자렴.

● 축하와 사과

おめでとうございます。 축하해요.

ありがとうございます。 고마워요.

どうぞ。 받으세요.

どうも ありがとうございます。 감사합니다.

➕ 「どうぞ」는 보통 '부디'로 해석되지만, 무언가를 권하거나 건네줄 때 "여기요", "받으세요"라는 의미로 많이 쓰입니다.

すみません。 죄송합니다.

いいえ、だいじょうぶです。 아니요, 괜찮아요.

➕ 「すみません」은 타인에게 말을 걸 때나 감사 인사로도 쓰입니다. 같은 의미로 「ごめんなさい」가 있는데, 친한 사이에서는 줄여서 「ごめん」이라고 합니다.

● 기타 인사

いただきます。
잘 먹겠습니다.

ごちそうさまでした。
잘 먹었습니다.

いってきます。 다녀오겠습니다.
いってらっしゃい。 다녀오렴.

ただいま。 다녀왔습니다.
おかえりなさい。 어서 오렴.

UNIT 01
숫자와 시간

🎧 MP3를 들어보세요

1~10

1	2	3	4	5
いち 一	に 二	さん 三	し/よん 四	ご 五
6	7	8	9	10
ろく 六	しち/なな 七	はち 八	きゅう/く 九	じゅう 十

● 0은 「れい」「ゼロ」「まる」라고 세 가지 방식으로 읽습니다.

100~100000000

100	200	300	400	500	600
ひゃく 百	にひゃく 二百	さんびゃく 三百	よんひゃく 四百	ごひゃく 五百	ろっぴゃく 六百
700	800	900	1000	10000	100000000
ななひゃく 七百	はっぴゃく 八百	きゅうひゃく 九百	せん 千	いちまん 一万	いちおく 一億

~개 (~つ)

한 개	두 개	세 개	네 개	다섯 개
ひとつ 一つ	ふたつ 二つ	みっつ 三つ	よっつ 四つ	いつつ 五つ
여섯 개	일곱 개	여덟 개	아홉 개	열 개
むっつ 六つ	ななつ 七つ	やっつ 八つ	ここのつ 九つ	とお 十

● 몇 개는 「いくつ」

~명 (~人)

한 명	두 명	세 명	네 명	다섯 명
ひとり 一人	ふたり 二人	さんにん 三人	よにん 四人	ごにん 五人
여섯 명	일곱 명	여덟 명	아홉 명	열 명
ろくにん 六人	ななにん 七人	はちにん 八人	きゅうにん 九人	じゅうにん 十人

● 몇 명은 「何人(なんにん)」

~시 (~時)

한 시	두 시	세 시	네 시	다섯 시	여섯 시
いちじ 1時	にじ 2時	さんじ 3時	よじ 4時	ごじ 5時	ろくじ 6時
일곱 시	여덟 시	아홉 시	열 시	열한 시	열두 시
しちじ 7時	はちじ 8時	くじ 9時	じゅうじ 10時	じゅういちじ 11時	じゅうにじ 12時

~분 (~分)

1분	2분	3분	4분	5분	6분
いっぷん 1分	にふん 2分	さんぷん 3分	よんぷん 4分	ごふん 5分	ろっぷん 6分
7분	8분	9분	10분	30분 / 반	
ななふん 7分	はっぷん 8分	きゅうふん 9分	じゅっぷん じっぷん 10分	さんじゅっぷん さんじっぷん/はん 30分/半	

N5		
時間 じかん 名	시간	すみませんが、今日は時間がありません。 죄송하지만, 오늘은 시간이 없습니다.
N5		
今 いま 名	지금	今すぐ行きます。 지금 바로 가겠습니다.
N5		
何時何分 なんじなんぷん 名	몇 시 몇 분	今は何時何分ですか。 지금 몇 시 몇 분입니까?
N5		
午前 ごぜん 名	오전	午前10時から日本語の授業があります。 오전 10시부터 일본어 수업이 있습니다.
N5		
午後 ごご 名	오후	午後3時に会いましょう。 오후 3시에 만납시다.
N5		
朝 あさ 名	아침	朝、早く起きて運動をします。 아침 일찍 일어나서 운동을 합니다.
N5		
昼 ひる 名	낮, 점심	夏の昼は暑いです。 여름의 낮은 덥습니다.

N5	夜 (よる) 명	저녁, 밤	今日の夜、お酒でも飲みませんか。 오늘 저녁에 술이라도 마실까요?
N3	夜明け (よあけ) 명	새벽	久しぶりに会った友達と、夜明けまで話しました。 오랜만에 만난 친구와 새벽까지 이야기했습니다.
N5	今朝 (けさ) 명	오늘 아침	今朝、寝坊して遅刻してしまいました。 오늘 아침 늦잠을 자서 지각하고 말았습니다.
N5	夕方 (ゆうがた) 명	해질녘, 저녁 무렵	天気予報によると、夕方から雨が降るそうです。 일기예보에 따르면, 저녁 무렵부터 비가 온다고 합니다.
N4	今夜 (こんや) 명	오늘밤	そのドラマ、今夜からですね。 그 드라마 오늘밤부터지요?
N3	昨夜 (さくや) 명	어젯밤	昨夜、何も食べませんでした。 어젯밤에 아무것도 먹지 않았습니다.
N4	ゆうべ 명	어젯밤, 어제 저녁	ゆうべ、初雪が降りました。 어젯밤에 첫눈이 내렸습니다.

UNIT 02
날짜와 요일

🎧 MP3를 들어보세요

~월 (~月)

1월	2월	3월	4월	5월	6월
いちがつ 1月	にがつ 2月	さんがつ 3月	しがつ 4月	ごがつ 5月	ろくがつ 6月
7월	**8월**	**9월**	**10월**	**11월**	**12월**
しちがつ 7月	はちがつ 8月	くがつ 9月	じゅうがつ 10月	じゅういちがつ 11月	じゅうにがつ 12月

~일 (~日)

1일	2일	3일	4일	5일	6일	7일
ついたち 1日	ふつか 2日	みっか 3日	よっか 4日	いつか 5日	むいか 6日	なのか 7日
8일	**9일**	**10일**	**11일**	**12일**	**13일**	**14일**
ようか 8日	ここのか 9日	とおか 10日	じゅういち にち 11日	じゅうに にち 12日	じゅうさん にち 13日	じゅう よっか 14日
15일	**16일**	**17일**	**18일**	**19일**	**20일**	**21일**
じゅうご にち 15日	じゅうろく にち 16日	じゅうしち にち 17日	じゅうはち にち 18日	じゅうく にち 19日	はつか 20日	にじゅう いちにち 21日
22일	**23일**	**24일**	**25일**	**26일**	**27일**	**28일**
にじゅうに にち 22日	にじゅう さんにち 23日	にじゅう よっか 24日	にじゅうご にち 25日	にじゅう ろくにち 26日	にじゅう しちにち 27日	にじゅう はちにち 28日
29일	**30일**	**31일**				
にじゅうく にち 29日	さんじゅう にち 30日	さんじゅう いちにち 31日				

N5

何月 (なんがつ) 〔명〕 — 몇 월

A: 日本の学校は何月から始まりますか。
일본 학교는 몇 월부터 시작됩니까?

B: 日本の学校は四月から始まります。
일본 학교는 4월부터 시작됩니다.

N5

何日 (なんにち) 〔명〕 — 며칠

今日は何日ですか。
오늘은 며칠입니까?

N5

いつ 〔명〕 — 언제

夏休みはいつからいつまでですか。
여름방학은 언제부터 언제까지입니까?

N5

誕生日 (たんじょうび) 〔명〕 — 생일

妹の誕生日は1月6日です。
여동생 생일은 1월 6일입니다.

N3

生年月日 (せいねんがっぴ) 〔명〕 — 생년월일

ここに生年月日を書いてください。
여기에 생년월일을 써 주세요.

N2

クリスマス 〔명〕 — 크리스마스

クリスマスは12月25日です。
크리스마스는 12월 25일입니다.

おおみそか 〈명〉	섣달그믐 (12월 31일)	おおみそかに家の掃除をしました。 섣달그믐에 집 청소를 했습니다.
お正月 〈명〉	정월(1월 1일)	お正月は毎年家族と過ごします。 새해 첫날은 매년 가족과 함께 보냅니다.
バレンタインデー 〈명〉	밸런타인데이	バレンタインデーは２月１４日です。 밸런타인데이는 2월 14일입니다.
ホワイトデー 〈명〉	화이트데이	昨日はホワイトデーでした。 어제는 화이트데이였습니다.
子供の日 〈명〉	어린이날	子供の日は５月５日です。 어린이날은 5월 5일입니다.

～요일 (～曜日)

월요일	화요일	수요일	목요일	금요일	토요일	일요일
げつようび	かようび	すいようび	もくようび	きんようび	どようび	にちようび
月曜日	火曜日	水曜日	木曜日	金曜日	土曜日	日曜日

N5

何曜日 (なんようび) 명
무슨 요일

テストは何曜日(なんようび)からですか。
시험은 무슨 요일부터입니까?

N5

一昨日 (おととい) 명
그저께

一昨日(おととい)、友達(ともだち)と映画(えいが)を見(み)ました。
그저께 친구와 영화를 봤습니다.

N5

昨日 (きのう) 명
어제

昨日(きのう)は勉強(べんきょう)がしたくありませんでした。
어제는 공부를 하고 싶지 않았습니다.

N5

今日 (きょう) 명
오늘

今日(きょう)は天気(てんき)がとてもいいですね。
오늘은 날씨가 정말 좋군요.

N5

明日 (あした) 명
내일

明日(あした)からテストです。
내일부터 시험입니다.

N5

明後日 (あさって) 명
모레

いよいよ、明後日(あさって)から大会(たいかい)が始(はじ)まります。
드디어 모레부터 대회가 시작됩니다.

N5

毎日（まいにち）
〔명〕
매일

私は毎日運動をしています。
저는 매일 운동을 합니다.

N5

先週（せんしゅう）
〔명〕
지난주

先週は買い物に行きませんでした。
지난주에는 쇼핑을 가지 않았습니다.

N5

今週（こんしゅう）
〔명〕
이번 주

今週のスケジュールを確認してください。
이번 주 스케줄을 확인하세요.

N5

来週（らいしゅう）
〔명〕
다음 주

結婚式は来週の金曜日です。
결혼식은 다음 주 금요일입니다.

N3

週末（しゅうまつ）
〔명〕
주말

週末はたいてい何をしますか。
주말에는 주로 무엇을 합니까?

N5

毎週（まいしゅう）
〔명〕
매주

お店の休みは毎週月曜日です。
가게 쉬는 날은 매주 월요일입니다.

N5

先月（せんげつ）
〔명〕
지난달

先月、給料をもらえませんでした。
지난 달 월급을 받지 못했습니다.

N5

こんげつ
今月 〔명〕 | 이번 달 | こんげつ　そつぎょうしき
今月、卒業式があります。
이번 달에 졸업식이 있습니다.

N5

らいげつ
来月 〔명〕 | 다음 달 | こ　　　　らいげつ　　　がっこう　い
うちの子は来月から学校に行きます。
우리 애는 다음 달부터 학교에 갑니다.

N5

まいつき
毎月 〔명〕 | 매월, 매달 | はは　まいつき
母に毎月おこづかいをもらっています。
엄마에게 매월 용돈을 받고 있습니다.

N5

きょねん　さくねん
去年/昨年 〔명〕 | 작년 | きょねん　　　　　　　　　　ゆき　ふ
去年のクリスマスは雪が降りました。
작년 크리스마스에는 눈이 왔습니다.

N5

ことし
今年 〔명〕 | 올해 | ことし　かなら
今年は必ずタバコをやめます。
올해는 꼭 담배를 끊겠습니다.

N5

らいねん
来年 〔명〕 | 내년 | らいねん　にほん　りゅうがく　い　よてい
来年、日本に留学に行く予定です。
내년에 일본으로 유학 갈 예정입니다.

N3

ねんまつ
年末 〔명〕 | 연말 | ねんまつ　　　　　　いそが
年末はいつも忙しいです。
연말은 늘 바쁩니다.

毎年
まい とし

매년, 매해

両親は毎年海外旅行に行きます。
りょうしん まいとしかいがいりょこう い

부모님은 매년 해외여행을 갑니다.

UNIT 03
신체와 건강

🎧 MP3를 들어보세요

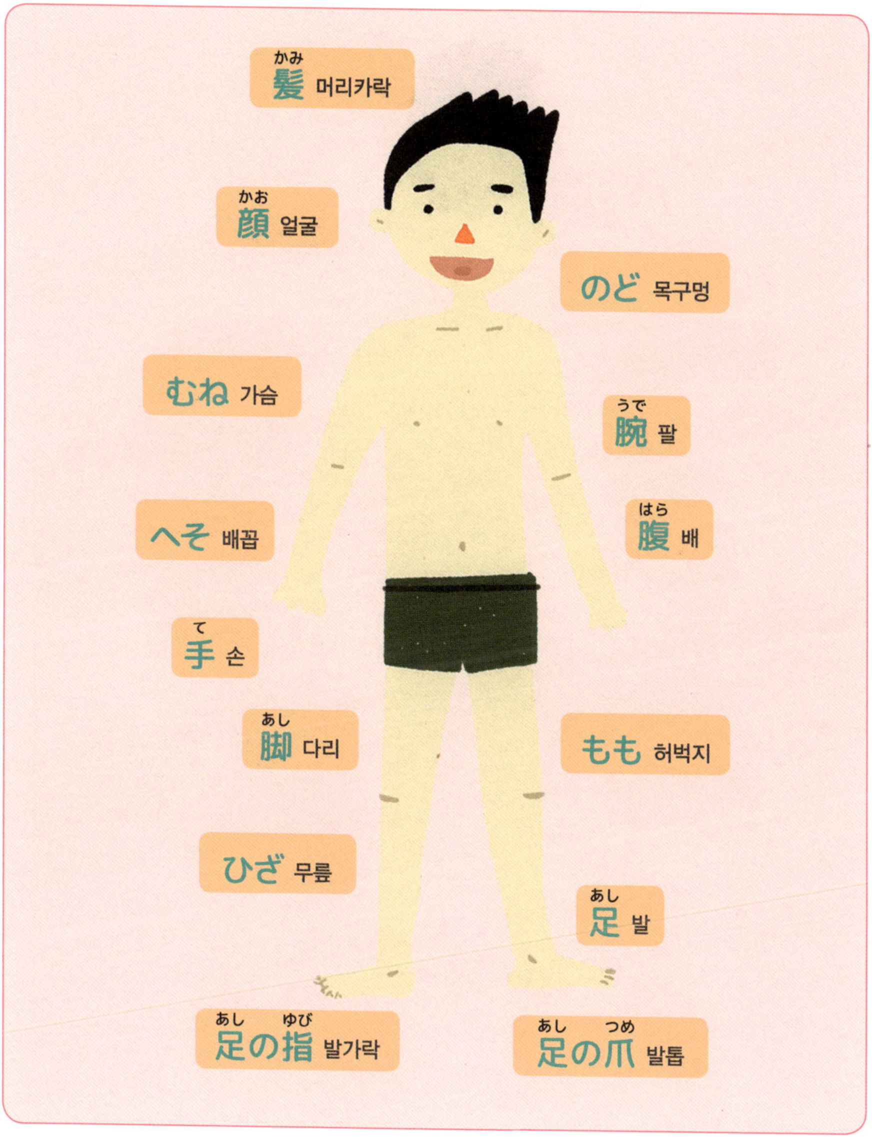

일본어	한국어
かみ 髪	머리카락
かお 顔	얼굴
のど	목구멍
むね	가슴
うで 腕	팔
へそ	배꼽
はら 腹	배
て 手	손
あし 脚	다리
もも	허벅지
ひざ	무릎
あし 足	발
あし ゆび 足の指	발가락
あし つめ 足の爪	발톱

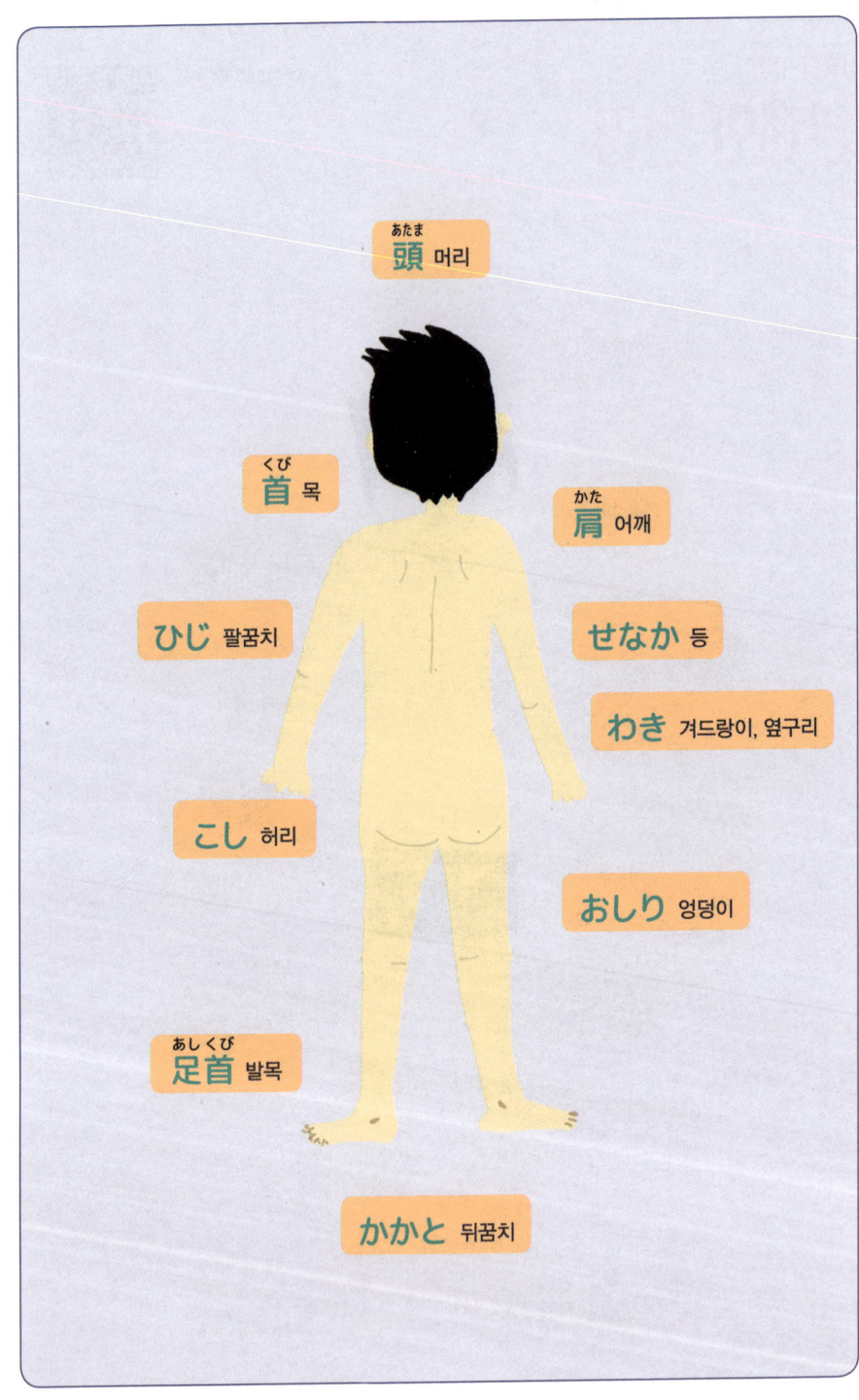

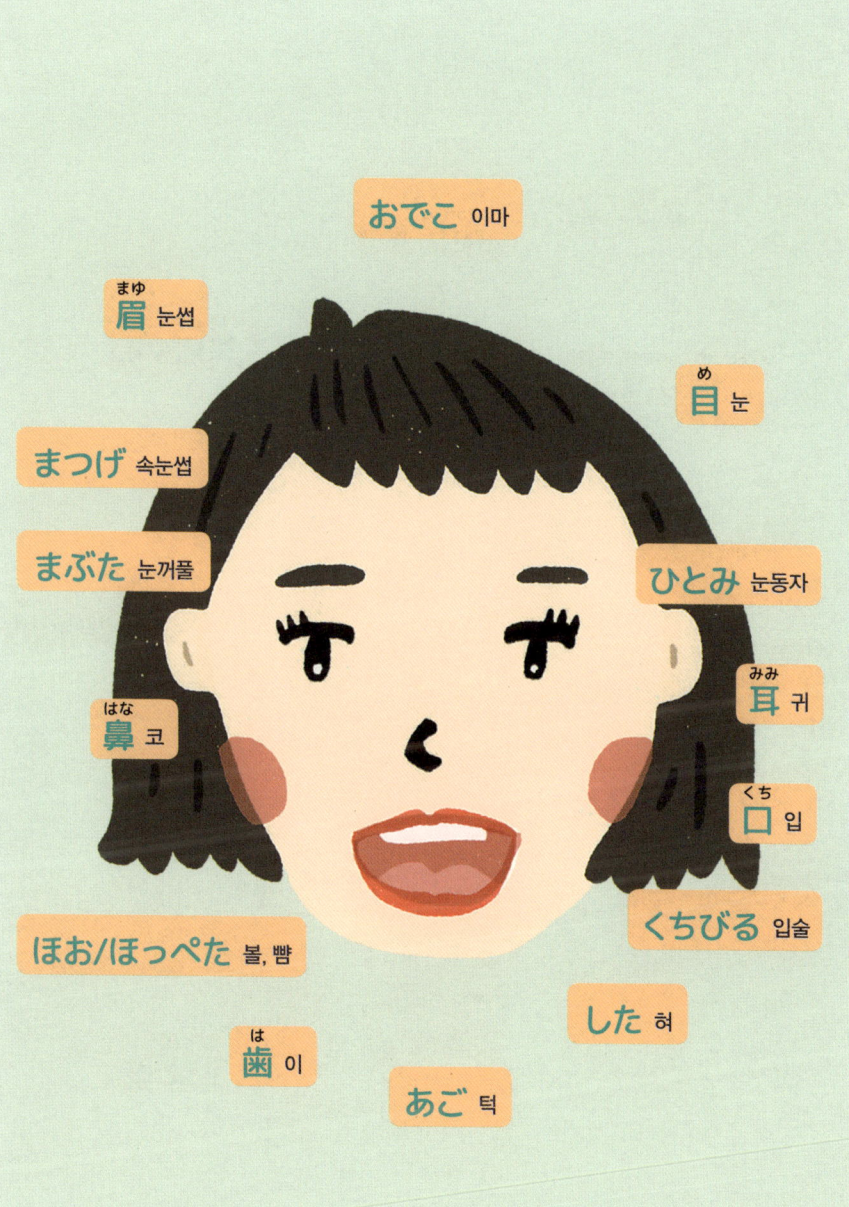

- ゆび 손가락
- なかゆび 中指 중지
- ひとさしゆび 人指し指 검지
- くすりゆび 薬指 약지
- おやゆび 親指 엄지
- こゆび 小指 새끼손가락
- つめ 손톱
- てくび 手首 손목

N4

骨 (ほね) 【명】 — 뼈
転(ころ)んで、足(あし)の骨(ほね)がおれてしまいました。
넘어져서 다리뼈가 부러져 버렸습니다.

N2

血 (ち) 【명】 — 피
けがをして血(ち)が出(で)ました。
다쳐서 피가 났습니다.

N2

筋肉 (きんにく) 【명】 — 근육
筋肉(きんにく)をつけるために、毎日(まいにち)ジムに通(かよ)っています。
근육을 만들기 위해 매일 체육관에 다닙니다.

つま先 (さき) 【명】 — 발끝
ボールをつま先(さき)で強(つよ)くけりました。
공을 발끝으로 힘차게 찼습니다.

こぶし 【명】 — 주먹
こぶしをぎゅっと握(にぎ)って決心(けっしん)しました。
주먹을 꽉 쥐고 결심했습니다.

N2

唾 (つば) 【명】 — 침
彼(かれ)は唾(つば)を飛(と)ばしながら話(はな)しました。
그는 침을 튀겨가며 이야기했습니다.

N3

涙 (なみだ) 【명】 — 눈물
目(め)から涙(なみだ)がぽろぽろこぼれました。
눈에서 눈물이 주르르 흘렀습니다.

N3

健康（けんこう）【名】 — 건강

健康のためにお酒を止めます。
건강을 위해 술을 끊겠습니다.

N5

病気（びょうき）【名】 — 병

病気になって、入院しました。
병이 나서 입원했습니다.

N5

風邪（かぜ）【名】 — 감기

風邪を引きました。早く帰ってもいいでしょうか。
감기에 걸렸습니다. 빨리 돌아가도 될까요?

N3

鼻水（はなみず）【名】 — 콧물

鼻水がたくさん出てつらいです。
콧물이 많이 나와 괴롭습니다.

N3

咳（せき）【名】 — 기침

赤ちゃんの顔に咳をしてはいけません。
아기 얼굴에 기침을 하면 안 됩니다.

N3

くしゃみ【名】 — 재채기

授業中、くしゃみが出て、恥ずかしかったです。
수업 중에 재채기가 나와 창피했습니다.

N4

熱（ねつ）【名】 — 열

風邪ですが、熱はありません。
감기지만, 열은 없습니다.

N2	吐(は)き気(け) 〔명〕	토기, 구역질	薬(くすり)を飲(の)んだら、吐(は)き気(け)が止(と)まりました。 약을 먹었더니 구토가 그쳤습니다.
N3	目眩(めまい) 〔명〕	현기증, 어지럼증	時々(ときどき)、目眩(めまい)がします。 가끔 현기증이 납니다.
N2	頭痛(ずつう) 〔명〕	두통	昨日(きのう)は頭痛(ずつう)がひどくて一日中(いちにちじゅう)寝(ね)ていました。 어제는 두통이 심해서 하루 종일 잤습니다.
	寒気(さむけ) 〔명〕	한기	体(からだ)の調子(ちょうし)が悪(わる)いです。寒気(さむけ)もします。 컨디션이 안 좋습니다. 한기도 듭니다.
N3	アレルギー 〔명〕	알레르기	アレルギーがあるので、魚(さかな)は食(た)べません。 알레르기가 있어서 생선은 안 먹습니다.
	便秘(べんぴ) 〔명〕	변비	便秘(べんぴ)で悩(なや)んでいます。 변비로 고생 중입니다.
N4	けが 〔명〕	상처, 부상	自転車(じてんしゃ)にぶつかって、けがをしました。 자전거에 부딪혀 상처를 입었습니다.

N3	傷(きず) 〔명〕	상처	心(こころ)の傷(きず)はなかなか治(なお)りません。 마음의 상처는 좀처럼 낫지 않습니다.
N3	火傷(やけど) 〔명〕	화상	指(ゆび)に火傷(やけど)をして薬(くすり)を塗(ぬ)りました。 손가락에 화상을 입어서 약을 발랐습니다
N3	痛(いた)み 〔명〕	통증	まだ痛(いた)みがあります。もうちょっと休(やす)みます。 아직 통증이 있습니다. 좀 더 쉬겠습니다.
N3	肥満(ひまん) 〔명〕	비만	肥満(ひまん)にならないように毎日運動(まいにちうんどう)をしています。 비만이 되지 않도록 매일 운동하고 있습니다.
N2	疲(つか)れ 〔명〕	피로, 피곤	部長(ぶちょう)は疲(つか)れを知(し)らない人(ひと)です。 부장님은 피곤을 모르는 사람입니다.
N5	病院(びょういん) 〔명〕	병원	運動中(うんどうちゅう)けがをして、病院(びょういん)に行(い)きました。 운동 중 부상을 입어 병원에 갔습니다.
N5	医者(いしゃ) 〔명〕	의사	将来(しょうらい)、医者(いしゃ)になりたいです。 장래에 의사가 되고 싶습니다.

N4

かんごし
看護師
[명]

간호사

あね　　おお　　　びょういん　かんごし
姉は大きな病院の看護師です。
언니(누나)는 큰 병원의 간호사입니다.

N3

かんじゃ
患者
[명]

환자

びょういん　　にゅういんちゅう かんじゃ おお
その病院には入院中の患者が多いです。
그 병원에는 입원 중인 환자가 많습니다.

N3

ないか
内科
[명]

내과

なか　いた　とき　ないか　い
お腹が痛い時は内科に行ってください。
배가 아플 때에는 내과로 가세요.

N3

げか
外科
[명]

외과

じこ　　　　　　　　げかしゅじゅつ
事故にあって、外科手術をうけました。
사고를 당해서 외과 수술을 받았습니다.

がんか
眼科
[명]

안과

め　あか　　　　　　はや　がんか　い
目が赤いですね。早く眼科に行ったほうがいいですよ。
눈이 빨갛네요. 빨리 안과에 가는 게 좋겠어요.

ひふか
皮膚科
[명]

피부과

はだ　　　　　　　ひふか　かよ
肌がかゆくて、皮膚科に通っています。
피부가 가려워서 피부과에 다니고 있습니다.

しょうにか
小児科
[명]

소아과

あした　　こども　つ　　　しょうにか　い
明日、子供を連れて小児科に行くつもりです。
내일 아이를 데리고 소아과에 갈 예정입니다.

耳鼻咽喉科（じびいんこうか）[名]	이비인후과	のどが痛いです。耳鼻咽喉科に行ってきます。 목이 아픕니다. 이비인후과에 다녀올게요.
歯医者（はいしゃ）[名]	치과	歯医者に行くのはいやです。 치과에 가는 것은 싫습니다.
整形外科（せいけいげか）[名]	성형외과	鼻の骨がおれて、整形外科で手術を受けました。 코뼈가 부러져서 성형외과에서 수술을 받았습니다.
産婦人科（さんふじんか）[名]	산부인과	出産のために産婦人科に入院しました。 출산하기 위해 산부인과에 입원했습니다.
精神科（せいしんか）[名]	정신과	精神科で相談を受けてうつ病がよくなりました。 정신과에서 상담을 받고 우울증이 좋아졌습니다.
診察（しんさつ）[名]	진찰	昨日、医者の診察を受けました。 어제 의사의 진찰을 받았습니다.
治療（ちりょう）[名]	치료	その猫はしっかりと治療を受けて、元気になりました。 그 고양이는 제대로 치료를 받고 건강해졌습니다.

N3

注射 (ちゅうしゃ) [명] — 주사
医者が患者に注射をします。
의사가 환자에게 주사를 놓습니다.

N5

薬 (くすり) [명] — 약
食事をしてから３０分後にこの薬を飲んでください。
식사를 하고 30분 후에 이 약을 드세요.

風邪薬 (かぜぐすり) [명] — 감기약
風邪薬を飲まないで寝てしまいました。
감기약을 먹지 않고 잠들어 버렸습니다.

目薬 (めぐすり) [명] — 안약
目に目薬をさしました。
눈에 안약을 넣었습니다.

痛み止め (いたどめ) [명] — 진통제
頭が痛くて痛み止めを飲みました。
머리가 아파서 진통제를 먹었습니다.

しっぷ [명] — 파스
運動の後、こしにしっぷをはりました。
운동 후 허리에 파스를 붙였습니다.

N2

包帯 (ほうたい) [명] — 붕대
手首に包帯を巻いてください。
손목에 붕대를 감아 주세요.

UNIT 03

N3
手術（しゅじゅつ）[명] — 수술
来週の水曜日、手術を受けます。
다음 주 수요일에 수술을 받습니다.

N4
入院（にゅういん）[명] — 입원
交通事故にあって入院しました。
교통사고를 당해 입원했습니다.

N4
退院（たいいん）[명] — 퇴원
明後日退院です。
모레 퇴원입니다.

N3
お見舞い（おみまい）[명] — 병문안
友達が入院したので今日、お見舞いに行くつもりです。
친구가 입원을 해서 오늘 병문안을 갈 겁니다.

N3
車椅子（くるまいす）[명] — 휠체어
祖父は１０年前から車椅子生活をしています。
할아버지는 10년 전부터 휠체어 생활을 하고 있습니다.

N5
痛い（いたい）[い형] — 아프다
頭が痛くて眠れません。
머리가 아파서 잠을 잘 수가 없습니다.

N3
かゆい [い형] — 가렵다, 간지럽다
蚊に刺されて肌がかゆいです。
모기에 물려서 피부가 가렵습니다.

N4

眠(ねむ)い
[い형]

졸리다

昨日(きのう)、夜遅(よるおそ)くまで勉強(べんきょう)したので、眠(ねむ)いです。
어제 밤 늦게까지 공부해서 졸립니다.

N2

吐(は)く
[동]

토하다

食(た)べたものを全部(ぜんぶ)吐(は)きました。
먹은 것을 전부 토했습니다.

N4

治(なお)る
[동]

낫다

やっと病気(びょうき)が治(なお)ったので、来週(らいしゅう)から会社(かいしゃ)に戻(もど)ります。
겨우 병이 나아서 다음 주부터 회사로 돌아갑니다.

UNIT 04
인간관계와 성격

🎧 MP3를 들어보세요

かぞく
家族 가족

そぼ
祖母 / おばあさん
할머니

そふ
祖父 / おじいさん
할아버지

はは　　　かあ
母 / お母さん
어머니, 엄마

ちち　　　とう
父 / お父さん
아버지, 아빠

あね　　　ねえ
姉 / お姉さん
언니, 누나

あに　　　にい
兄 / お兄さん
오빠, 형

わたし
私 나

いもうと
妹 여동생
いもうと
妹 さん
여동생분(남의 가족)

おとうと
弟 남동생
おとうと
弟 さん
남동생분(남의 가족)

N2

親 (おや)
명

부모, 부모님

子どもは親に似ます。
아이는 부모를 닮습니다.

N4

両親 (りょうしん)
명

양친, 부모님

両親はプサンに住んでいます。
부모님은 부산에 사십니다.

N5

親子 (おやこ)
명

부모자식

昔は結婚しても親子が一緒に住んでいました。
옛날에는 결혼을 해도 부모자식이 함께 살았습니다.

N5

兄弟 (きょうだい)
명

형제

兄弟は何人いますか。
형제는 몇 명 있습니까?

N4

姉妹 (しまい)
명

자매

隣の姉妹はいつも仲がいいです。
옆집 자매는 늘 사이가 좋습니다.

N4

妻 (つま)
명

아내

私は妻と二人の娘と暮しています。
나는 아내와 두 딸과 살고 있습니다.

N4

夫 (おっと)
명

남편

夫と娘は遊園地に遊びに行きました。
남편과 딸은 유원지에 놀러 갔습니다.

N4

むすめ
娘
명

딸

うちの娘は、3年前から日本に留学中です。
우리 딸은 3년 전부터 일본에 유학 중입니다.

N4

むすめ
娘さん
명

따님
(남의 가족)

田中さんの娘さんは水泳が得意です。
다나카 씨의 따님은 수영을 잘 합니다.

N3

むすこ
息子
명

아들

息子は大学で音楽を勉強しています。
아들은 대학에서 음악을 공부하고 있습니다.

N4

むすこ
息子さん
명

아드님
(남의 가족)

今年、息子さんはおいくつですか。
올해 아드님이 몇 살이지요?

N4

おばさん
명

이모,
고모,
숙모,
아주머니

おばさんと一緒に温泉に行く予定です。
이모와 함께 온천에 갈 예정입니다.

となりのおばさんは毎朝ジョギングをしています。
옆집 아주머니는 매일 아침 조깅을 합니다.

N4

おじさん
명

삼촌,
숙부,
백부,
아저씨

おじさんは有名な映画監督です。
삼촌은 유명한 영화감독입니다.

となりにはアメリカから来たトムおじさんが住んでいます。
옆집에는 미국에서 온 톰 아저씨가 살고 있습니다.

N3

いとこ
명

사촌

こちらは私のいとこです。
이쪽은 제 사촌입니다.

N2

めい
명

조카(딸)

めいの誕生日プレゼントに人形を買いました。
조카 생일 선물로 인형을 샀습니다.

N3

おい
명

조카(아들)

おいの将来の夢はサッカー選手です。
조카의 장래 꿈은 축구선수입니다.

N4

赤ちゃん
명

아기

ついに、赤ちゃんが生まれました。
드디어 아기가 태어났습니다.

N5

子供
명

아이, 어린이

となりの池田さんのうちには小さい子供がいます。
이웃 이케다 씨네에는 어린 아이가 있습니다.

お子さん (こ) 〔명〕 **N3**	자녀분	お子さんは今年何年生ですか。 댁의 자녀는 올해 몇 학년입니까?
少年 (しょうねん) 〔명〕 **N3**	소년	彼は昔、野球少年でした。 그는 옛날에 야구 소년이었습니다.
少女 (しょうじょ) 〔명〕 **N5**	소녀	１０歳ぐらいの少女が難しい数学問題を解きました。 10세 정도의 소녀가 어려운 수학문제를 풀었습니다.
大人 (おとな) 〔명〕 **N4**	어른, 성인	大人になったら、何がしたいですか。 어른이 되면 뭘 하고 싶습니까?
お年寄り (としより) 〔명〕 **N5**	노인	地下鉄でお年寄りに席を譲りました。 지하철에서 노인에게 자리를 양보했습니다.
人 (ひと) 〔명〕 **N5**	사람	あの人は大阪出身です。 그 사람은 오사카 출신입니다.
誰 (だれ) 〔명〕	누구	あの赤いスカーフをしている人は誰ですか。 저 빨간 스카프를 한 사람은 누구입니까?

N5

女の人 (おんな ひと) 명
여자, 여성

あそこにいる女の人は私の妹です。
저쪽에 있는 여성은 내 여동생입니다.

N5

男の人 (おとこ ひと) 명
남자, 남성

この男の人は韓国で有名な歌手です。
이 남성은 한국에서 유명한 가수입니다.

N2

男女 (だんじょ) 명
남녀

今は男女平等の時代です。
지금은 남녀평등의 시대입니다.

N5

友達 (ともだち) 명
친구

週末に友達とドライブに行きます。
주말에 친구와 드라이브 갈 겁니다.

N4

先輩 (せんぱい) 명
선배

今日の飲み会に山田先輩も来ますか。
오늘 회식에 야마다 선배도 오시나요?

N3

後輩 (こうはい) 명
후배

二年生になって私にも後輩ができました。
2학년이 되어서 나에게도 후배가 생겼습니다.

N2

同僚 (どうりょう) 명
동료

こちらは会社の同僚です。
이 쪽은 회사 동료입니다.

UNIT 04

41

N3

知り合い (しりあい) 【명】 — 지인

その男の人は昔からの知り合いです。
그 남자는 옛날부터 아는 사람입니다.

N3

年上 (としうえ) 【명】 — 연상

田中先輩は５才年上です。
다나카 선배는 5살 연상입니다.

年下 (としした) 【명】 — 연하

花子さんは私より年下です。
하나코 씨는 나보다 연하입니다.

N4

彼 (かれ) 【명】 — 그, 그 사람

彼は弁護士です。
그는 변호사입니다.

N4

彼女 (かのじょ) 【명】 — 그녀, 여자친구

彼女は派手な服を着ています。
그녀는 화려한 옷을 입고 있습니다.

私の彼女は水泳が得意です。
내 여자친구는 수영을 잘합니다.

彼氏 (かれし) 【명】 — 남자친구

私の彼氏は運転が下手です。
내 남자친구는 운전이 서툽니다.

一目ぼれ〔名〕 ^{ひとめ}	첫눈에 반함	^{ひとめ}一目ぼれはあぶないです。 첫눈에 반하는 것은 위험합니다.

N1

片思い〔名〕 ^{かたおも}	짝사랑	^{れんあい}恋愛ですか。^{かたおも}片思いはしたことがあります。 연애 말입니까? 짝사랑은 해 본 적이 있습니다.

N1

告白〔名〕 ^{こくはく}	고백	^は恥ずかしくて「あなたのことが^{だいす}大好き!」たなんで、^{こくはく}告白できません。 창피해서 '네가 좋아!'라고 고백할 수 없습니다.

N3

恋人〔名〕 ^{こいびと}	연인	「^{こいびと}恋人よ!」という^{うた}歌を^し知っていますか。 '연인이여!'라는 노래를 아십니까?

N1

恋愛〔名〕 ^{れんあい}	연애	これまで^{れんあい}恋愛したことが^{いちど}一度もありません。 지금껏 연애한 적이 한 번도 없습니다.

N4

デート〔名〕	데이트	クリスマスは^{こいびと}恋人とデートをします。 크리스마스에는 연인과 데이트를 할 겁니다.

N3

誤解〔名〕 ^{ごかい}	오해	それは^{ごかい}誤解です。もう^{いちど}一度^{わたし}私の^{はなし}話を^き聞いてください。 그건 오해입니다. 한 번만 더 제 말을 들어 주세요.

N3

| 仲直り（なかなお り） 명 | 화해 | 子供たちはよくけんかしますが、仲直りもすぐします。
아이들은 자주 싸우지만 화해도 바로 합니다. |

| やきもち 명 | 질투 | 彼女はやきもちをやくタイプじゃありません。
그녀는 질투를 할 타입이 아닙니다. |

N2

| 婚約（こんやく） 명 | 약혼 | 先月、彼氏と婚約しました。
지난달 남자친구와 약혼을 했습니다. |

N5

| 結婚（けっこん） 명 | 결혼 | バラの季節の5月に結婚します。
장미의 계절인 5월에 결혼합니다. |

N3

| 離婚（りこん） 명 | 이혼 | 私の両親は1年前に離婚しましたが、今でも仲がいいです。
우리 부모님은 1년 전에 이혼했지만 지금도 사이가 좋습니다. |

N2

| 花嫁/新婦（はなよめ/しんぷ） 명 | 신부 | 結婚式の日、新婦はとても美しかったです。
결혼식 날 신부는 정말 아름다웠습니다. |

| 花婿/新郎（はなむこ/しんろう） 명 | 신랑 | 新郎はお客様に向かってあいさつをしました。
신랑은 하객을 향해 인사를 했습니다. |

N5

会う
동 / 만나다

今、会いに行きます。
지금 만나러 갑니다.

N3

出会う
동 / (우연히) 만나다

忙しくて、女の人と出会うきっかけがありません。
바빠서 여성을 만날 기회가 없습니다.

N3

付き合う
동 / 사귀다

今、付き合っている人はいません。
지금 사귀고 있는 사람은 없습니다.

N4

けんかする
동 / 싸우다

そのカップルはいつもけんかしていますが、別れません。
그 커플은 항상 싸우지만 헤어지지 않습니다.

N4

別れる
동 / 헤어지다

恋人と別れて一日中泣きました。
연인과 헤어져서 하루 종일 울었습니다.

ふられる
동 / 차이다

ふるよりふられたほうがいいです。
차는 것보다 차이는 게 낫습니다.

N3

性格
명 / 성격

彼は性格が明るいです。
그 사람은 성격이 밝습니다.

恥ずかしがりや 【名】	부끄럼쟁이	弟は恥ずかしがりやで、人の前にあまり出ません。 남동생은 부끄럼쟁이라서 사람 앞에 잘 나서지 않습니다.
寂しがりや 【名】	외로움을 잘 타는 사람	彼は寂しがりやで、一人でご飯も食べられません。 그는 외로움을 잘 타서 혼자서 밥도 못 먹습니다.
頑張りや 【名】	열심히 노력하는 사람	花子さんは頑張りやで、いつも成績もいいです。 하나코 씨는 열심히 노력하는 사람으로, 늘 성적도 좋습니다.
働き者 【名】	일을 열심히 하는 사람, 워커홀릭	彼の奥さんは彼よりも働き者です。 그의 부인은 그보다도 워커홀릭입니다.
怠け者 【名】	게으름뱅이	怠け者はお金持ちになれません。 게으름뱅이는 부자가 될 수 없습니다.
うそつき 【名】	거짓말쟁이	彼はうそつきです。 그는 거짓말쟁이입니다.
優しい 【い형】	상냥하다, 친절하다	日本語の先生は優しいです。 일본어 선생님은 상냥합니다.

N4

大人(おとな)しい
`い형`

어른스럽다, 의젓하다

うちの子はちっとも大人(おとな)しくしてくれません。
우리 애는 잠시도 의젓하게 있어 주지 않습니다.

気(き)が短(みじか)い
`관`

성격이 급하다

この世(よ)で祖父(そふ)より気(き)が短(みじか)い人(ひと)はいないでしょう。
이 세상에서 우리 할아버지보다 성질이 급한 사람은 없을 겁니다.

N3

素直(すなお)だ
`な형`

순수하다, 순진하다

りかさんは素直(すなお)で優(やさ)しい友達(ともだち)です。
리카 씨는 순수하고 다정한 친구입니다.

N3

正直(しょうじき)だ
`な형`

솔직하다

正直(しょうじき)に言(い)って、この料理(りょうり)はおいしくありません。
솔직히 말해서 이 요리는 맛있지 않습니다.

N4

真面目(まじめ)だ
`な형`

성실하다

真面目(まじめ)に働(はたら)いて１００万円(ひゃくまんえん)も貯(た)めました。
성실하게 일해서 100만 엔이나 모았습니다.

不真面目(ふまじめ)だ
`な형`

불성실하다

私(わたし)は学生時代(がくせいじだい)、不真面目(ふまじめ)でした。
나는 학창시절에 불성실했습니다.

N5

元気(げんき)だ
`な형`

건강하다, 활달하다, 잘 지내다

お元気(げんき)ですか。
잘 지내셨나요? / 건강하십니까?

N5			
	静(しず)かだ 〔な형〕	조용하다	妻(つま)は口数(くちかず)が少(すく)なくて静(しず)かな人(ひと)です。 아내는 말수가 적고 조용한 사람입니다.
N3			
	親切(しんせつ)だ 〔な형〕	친절하다	彼(かれ)は親切(しんせつ)でやさしい人(ひと)です。 그는 친절하고 상냥한 사람입니다.
N2			
	勝手(かって)だ 〔な형〕	제멋대로다	勝手(かって)に入(はい)らないでください。 멋대로 들어오지 마세요.
N2			
	わがままだ 〔な형〕	제멋대로다, 내키는 대로 하다	私(わたし)は人(ひと)の言(い)うことを聞(き)かない、わがままな学生(がくせい)でした。 나는 남의 말을 듣지 않는 제멋대로인 학생이었습니다.
N2			
	生意気(なまいき)だ 〔な형〕	건방지다	生意気(なまいき)なこと言(い)わないで。 건방진 소리 하지 마.
N3			
	けちだ 〔な형〕	구두쇠이다, 쩨쩨하다	お金(かね)をぜんぜん使(つか)わないけちな人(ひと)はタイプじゃありません。 돈을 전혀 쓰지 않는 구두쇠는 좋아하지 않습니다.
N3			
	欲張(よくば)りだ 〔な형〕	욕심을 부리다	欲張(よくば)りな人(ひと)は誰(だれ)にももてません。 욕심쟁이는 누구에게도 인기가 없습니다.

N2			
愉快(ゆかい)だ [な형]	유쾌하다	彼(かれ)は実(じつ)に愉快(ゆかい)な友達(ともだち)です。	그는 참으로 유쾌한 친구입니다.

N2			
のんきだ [な형]	낙천적이다, 느긋하다	娘(むすめ)は試験(しけん)に落(お)ちたのにのんきです。	딸은 시험에 떨어졌는데도 느긋합니다.

N3			
のんびりする [동]	느긋하다	裕子(ゆうこ)はのんびりしていて、歩(ある)く速度(そくど)も遅(おそ)いです。	유코는 성격이 느긋해서 걷는 속도도 느립니다.

N5			
もらう [동]	(나 또는 타인이) 받다	給料(きゅうりょう)をもらいました。	월급을 받았습니다.

N4			
くれる [동]	(남이 내게) 주다	田中(たなか)さんが私(わたし)に花束(はなたば)をくれました。	다나카 씨가 나에게 꽃다발을 줬습니다.

N5			
あげる [동]	(타인이나 내가) 주다	お花(はな)に水(みず)をあげました。	꽃에 물을 줬습니다.

UNIT 05
집과 가정생활

かがみ 거울　　歯ブラシ 칫솔

お風呂 욕조　ドライヤー 드라이기　タオル 수건　便器 변기

はみがきこ 치약　洗面台 세면대　洗濯機 세탁기

一戸建て 단독주택

マンション 맨션

アパート 아파트

N3

はみがき 〔명〕　양치질

寝る前に必ずはみがきをしてください。
자기 전에 꼭 양치질을 하세요.

洋室（ようしつ）〔명〕　서양식 방

ルームは洋室と和室があります。どちらにしますか。
방은 서양식 방과 일본식 방이 있습니다. 어느 쪽으로 하시겠습니까?

生活用品（せいかつようひん）〔명〕　생활용품

生活用品は何階にありますか。
생활용품은 몇 층에 있습니까?

N3

家電製品（かでんせいひん）〔명〕　가전제품

家電製品を買いにデパートに行きます。
가전제품을 사러 백화점에 갑니다.

UNIT 06
날씨와 자연

🎧 MP3를 들어보세요

はる　　　　　なつ　　　　　あき　　　　　ふゆ
春 봄　　　**夏** 여름　　**秋** 가을　　**冬** 겨울

は　　　　　　くも　　　　　かぜ　　　　　くも
晴れ 맑음　**曇り** 흐림　**風** 바람　　**雲** 구름

あめ　　　　　ゆき　　　　　　　　　　　なみ
雨 비　　　**雪** 눈　　　**にじ** 무지개　**波** 파도

N4	季節(きせつ) [명]	계절	きれいなお花(はな)が咲(さ)く季節(きせつ)になりました。 예쁜 꽃이 피는 계절이 되었습니다.
	季節(きせつ)の変(か)わり目(め) [명]	환절기, 간절기	季節(きせつ)の変(か)わり目(め)には風邪(かぜ)に気(き)をつけてください。 환절기에는 감기 조심하세요.
N5	天気(てんき) [명]	날씨	天気(てんき)がよくないですね。今日(きょう)は家(いえ)にいることにします。 날씨가 좋지 않네요. 오늘은 집에 있겠습니다.
N2	雷(かみなり) [명]	천둥	ごろごろと雷(かみなり)が鳴(な)りました。 우르릉 꽝꽝 천둥이 쳤습니다.
	稲妻(いなずま) [명]	번개	雷(かみなり)の後(あと)、稲妻(いなずま)が光(ひか)りました。 천둥이 친 후 번개가 번쩍였습니다.
N3	湿気(しっけ) [명]	습기	日本(にほん)の夏(なつ)は湿気(しっけ)がひどいです。 일본의 여름은 습기가 심합니다.
N3	湿度(しつど) [명]	습도	患者(かんじゃ)がいますから、毎日(まいにち)湿度(しつど)をチェックしています。 환자가 있기 때문에 매일 습도를 체크하고 있습니다.

UNIT 06

にわか雨(あめ) 〔名〕 **N4**	소나기	今日(きょう)は所々(ところどころ)でにわか雨(あめ)がふるでしょう。 오늘은 곳곳에서 소나기가 내리겠습니다.
大雨(おおあめ) 〔名〕 **N4**	호우	大雨(おおあめ)が降(ふ)った日(ひ)、彼(かれ)に会(あ)いました。 큰 비가 내린 날 그와 만났습니다.
梅雨(つゆ) 〔名〕 **N5**	장마	北海道(ほっかいどう)は梅雨(つゆ)がありません。 홋카이도에는 장마가 없습니다.
かさ 〔名〕	우산	雨(あめ)の日(ひ)はかさを忘(わす)れないでください。 비 오는 날에는 우산을 잊지 마세요.
雨具(あまぐ) 〔名〕 **N2**	우비	弟(おとうと)は雨具(あまぐ)を用意(ようい)して出(で)かけました。 동생은 비옷을 준비해서 외출했습니다.
霧(きり) 〔名〕 **N2**	안개	霧(きり)が出(で)て道(みち)がよく見(み)えません。 안개가 껴서 길이 잘 보이지 않습니다.
火山(かざん) 〔名〕	화산	日本(にほん)には火山(かざん)が多(おお)いです。 일본에는 화산이 많습니다.

N5 あたた 暖かい [い형]	따뜻하다	きのう　あたた 昨日は暖かかったです。 어제는 따뜻했습니다.	
N4 すず 涼しい [い형]	시원하다	あき　　　　　　　　　　　すず 秋になってやっと涼しくなりました。 가을이 되어 드디어 시원해졌습니다.	
N5 あつ 暑い [い형]	덥다	に ほん　なつ　あつ 日本の夏は暑いです。 일본의 여름은 덥습니다.	
N5 さむ 寒い [い형]	춥다	さっぽろ　ふゆ　　　　　　さむ 札幌の冬はとても寒いです。 삿뽀로의 겨울은 매우 춥습니다.	
N4 は 晴れる [동]	맑다	きょう　　ご ぜんちゅう は 今日は午前中晴れでしょう。 오늘은 오전 중 맑겠습니다.	
N4 くも 曇る [동]	흐리다	きょう　　くも 今日は曇っています。 오늘은 날이 흐립니다.	
N5 ふ 降る [동]	(눈, 비가) 내리다	そと　ゆき　ふ 外で雪が降っています。 밖에 눈이 내리고 있습니다.	

N3

ちきゅう
地球 　　지구

地球は太陽の回りを回っています。
지구는 태양 주위를 돌고 있습니다.

N2

ほっきょく
北極 　　북극

北極には白熊がいます。
북극에는 북극곰이 있습니다.

N2

なんきょく
南極 　　남극

ペンギンを見に南極に行きたいです。
펭귄을 보러 남극에 가고 싶습니다.

N3

つち
土 　　땅, 흙

土で人形を作りました。
흙으로 인형을 빚었습니다.

N4

いし
石 　　돌

畑に石がたくさんあります。
밭에 돌이 많습니다.

N3

いわ
岩 　　바위

大きい岩に座って写真を撮りました。
큰 바위에 앉아서 사진을 찍었습니다.

N4

こおり
氷 　　얼음

冷蔵庫の中に氷が入っています。
냉장고 안에 얼음이 들어 있습니다.

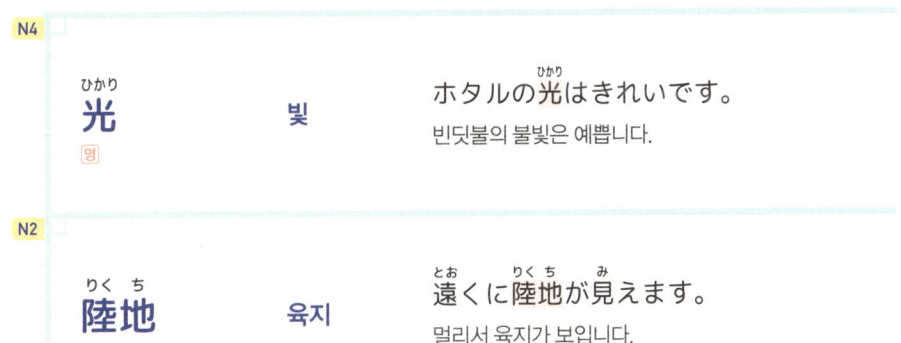

N4	ひかり **光** 명	빛	ホタルの光はきれいです。 반딧불의 불빛은 예쁩니다.
N2	りくち **陸地** 명	육지	とお　りくち　み 遠くに陸地が見えます。 멀리서 육지가 보입니다.

N2			
たんぼ 명	논	たんぼでかえるがケロケロ鳴いています。	논에서 개구리가 개굴개굴 울고 있습니다.

N3			
畑 (はたけ) 명	밭	小さい畑で野菜を育てています。	작은 밭에다 야채를 키우고 있습니다.
野原 (のはら) 명	들	子馬が広い野原を走り回っています。	망아지가 넓은 들판을 뛰어 돌아다니고 있습니다.

N2			
丘 (おか) 명	언덕	丘に登って町を見下ろしました。	언덕에 올라가 마을을 내려다보았습니다.

N2			
泉 (いずみ) 명	샘	山の奥に泉があります。	산 깊은 곳에 샘이 있습니다.

N5			
池 (いけ) 명	연못	池の中でこいが泳いでいます。	연못 안에서 잉어가 헤엄치고 있습니다.

N2			
谷 (たに) 명	계곡	この谷では川遊びをしてはいけません。	이 계곡에서는 물놀이를 하면 안됩니다.

N3

みずうみ
湖
명

호수

みずうみ まえ き ねんしゃしん
湖の前で記念写真をとりました。
호수 앞에서 기념사진을 찍었습니다.

N2

たき
滝
명

폭포

お たき おと すず
ざあざあと落ちる**滝**の音が涼しいです。
쏴아쏴아 떨어지는 폭포 소리가 시원합니다.

N2

うみ べ
海辺
명

바닷가, 해변

うみ べ たの あそ
海辺で楽しく遊びました。
해변에서 즐겁게 놀았습니다.

N4

しま
島
명

섬

ことし なつやす しま あそ い
今年の夏休みには**島**に遊びに行きましょう。
올여름 휴가에는 섬으로 놀러 갑시다.

N2

さ ばく
砂漠
명

사막

ゆめ なか さばく ま なか
夢の中で**砂漠**の真ん中をさまよいました。
꿈속에서 사막 한복판을 헤맸습니다.

UNIT 07
동물과 식물

 いぬ 犬 개
 ねこ 猫 고양이
 うし 牛 소
 うま 馬 말

 ぶた 豚 돼지
 ひつじ 羊 양
 うさぎ 토끼
 ねずみ 쥐

 とら 虎 호랑이
 ライオン 사자
 ぞう 象 코끼리
 さる 원숭이

 くま 熊 곰
 しか 鹿 사슴
 パンダ 판다
 きつね 여우

にわとり
鶏 닭   ひよこ 병아리   ペンギン 펭귄   つる
鶴 학

ハト 비둘기   アヒル 오리   カモメ 갈매기   カラス 까마귀

はくちょう
白鳥 백조   クジラ 고래   イルカ 돌고래   サメ 상어

へび
蛇 뱀   かめ
亀 거북이   かえる
蛙 개구리   ワニ 악어

N5	動物（どうぶつ）[명]	동물	彼女は動物の行動を研究する学者です。 그녀는 동물의 행동을 연구하는 학자입니다.
N4	子犬（こいぬ）[명]	강아지	子犬がしっぽを振りながら走って来ました。 강아지가 꼬리를 흔들면서 달려왔습니다.
N4	子猫（こねこ）[명]	새끼 고양이	かわいい子猫がテーブルの下で寝ています。 귀여운 새끼 고양이가 테이블 아래서 자고 있습니다.
N5	鳥（とり）[명]	새	鳥が円を描いて空を飛んでいます。 새가 원을 그리며 하늘을 날고 있습니다.
N4	虫（むし）[명]	벌레	虫に刺されたところがかゆいです。 벌레 물린 곳이 가렵습니다.
N1	昆虫（こんちゅう）[명]	곤충	来週、昆虫の生態の研究でガラパゴス諸島に出発します。 다음 주에 곤충의 생태를 연구하러 갈라파고스 군도로 출발합니다.
	アリ [명]	개미	子供の頃、一日中アリの様子を観察していました。 어렸을 때 하루 종일 개미의 모습을 관찰하곤 했습니다.

ハエ 명	파리	一匹のハエがケーキの上を飛んでいます。 파리 한 마리가 케이크 위를 날아다니고 있습니다.
蚊(か) 명	모기	一晩中蚊がぶんぶん飛び回って眠れませんでした。 밤새 모기가 붕붕 날아다녀 잠을 못 잤습니다.
蜂(はち) 명	벌	蜂がお花の中で蜜を吸っています。 벌이 꽃 안에서 꿀을 빨아먹고 있습니다.
蝶(ちょう) 명	나비	きれいな蝶が石の上に静かに舞い降りました。 예쁜 나비가 돌 위에 조용히 내려앉았습니다.
せみ 명	매미	せみの鳴き声がどんどん大きくなりました。 매미 울음소리가 점점 커졌습니다.
とんぼ 명	잠자리	子供の肩に止まったとんぼを手で捕りました。 아이 어깨에 앉은 잠자리를 손으로 잡았습니다.
蛍(ほたる) 명	반딧불이	蛍が暗闇の中でキラキラ光っています。 반딧불이가 어둠 속에서 깜빡깜빡 빛나고 있습니다.

ゴキブリ 〔명〕	바퀴벌레	**ゴキブリ**は大嫌^{だいきら}いです。 바퀴벌레는 너무 싫습니다.
えさ 〔명〕	먹이	池^{いけ}の金魚^{きんぎょ}に**えさ**をあげました。 연못에 사는 금붕어에게 먹이를 줬습니다.
ペットを飼^かう	반려동물을 기르다	中田^{なかた}さんは**ペットを飼^かっています**か。 나카타 씨는 반려동물을 기르고 있습니까?

<small>たけ</small>
竹 대나무

<small>まつ</small>
松 소나무

<small>もみじ</small>
紅葉 단풍, 단풍잎

<small>やなぎ</small>
柳 버드나무

<small>あさがお</small>
朝顔 나팔꽃

<small>きく</small>
菊 국화

<small>うめ</small>
梅 매화

<small>さくら</small>
桜 벚꽃

ひまわり 해바라기

ばら 장미꽃

たんぽぽ 민들레

つばき 동백꽃

N3			
植物 しょくぶつ [명]	식물	池田さんは植物の生態に詳しい人です。 이케다 씨는 식물의 생태를 잘 아는 사람입니다.	

N2			
芽 め [명]	싹	芽を切ってはいけません。 싹을 자르면 안됩니다.	

N3			
種 たね [명]	씨	農夫が畑で種をまいています。 농부가 밭에서 씨를 뿌리고 있습니다.	

N4			
植える う [동]	심다	畑にネギを植えました。 밭에 파를 심었습니다.	

N5			
咲く さ [동]	(꽃이) 피다	桜がきれいに咲いています。 벚꽃이 예쁘게 피었습니다.	

UNIT 08
느낌과 감정

🎧 MP3를 들어보세요

よろこ
喜び
기쁨

かな
悲しみ
슬픔

たの
楽しみ
즐거움

くる
苦しみ
괴로움

は
恥ずかしさ
부끄러움

きょう ふ
恐怖
공포

す
好き
좋아함

きら
嫌い
싫어함

いか
怒り
분노

おどろ
驚き
놀람

かんどう
感動
감동

らく
楽
편안함

N5

いい
[い형]

좋다, 괜찮다

天気がいい日は遊びに行きたいです。
날씨가 좋은 날에는 놀러 가고 싶습니다.

N5

悪い
[い형]

나쁘다, 미안하다

タバコは体に悪いので、吸わないでください。
담배는 몸에 나쁘니 피지 마세요.

N4

嬉しい
[い형]

기쁘다

お会いできて嬉しいです。
만나 뵙게 되어 반갑습니다.

N4

悲しい
[い형]

슬프다

悲しい映画はあまり見ません。
슬픈 영화는 그다지 보지 않습니다.

N5

楽しい
[い형]

즐겁다

本当に楽しい旅行でした。
정말 즐거운 여행이었습니다.

N4

苦しい
[い형]

괴롭다

一日中咳が止まらなくて苦しいです。
하루 종일 기침이 멈추지 않아 괴롭습니다.

N4

恥ずかしい
[い형]

부끄럽다

恥ずかしくて顔が赤くなりました。
부끄러워서 얼굴이 빨갛게 되었습니다.

N5			
	面白い おもしろ [い형]	재미있다	昨日見た映画はとても面白かったです。 어제 본 영화는 정말 재미있었습니다.

N4			
	寂しい さび [い형]	쓸쓸하다	一人ぐらしをしていますが、あまり寂しくありません。 혼자 살고 있지만 그다지 쓸쓸하지 않습니다.

N3			
	懐かしい なつ [い형]	그립다	時々、子供の頃が懐かしくなります。 가끔 어릴 적이 그리워집니다.

N3			
	憎い にく [い형]	밉다	あんな憎いやつ、二度と会いたくない。 그 얄미운 녀석, 두 번 다시 만나고 싶지 않아.

N4			
	怖い こわ [い형]	공포스럽다, 두렵다	怖い話は聞きたくありません。 무서운 이야기는 듣고 싶지 않습니다.

N4			
	おかしい [い형]	이상하다, 우습다	車の調子がおかしいです。 자동차 상태가 이상합니다. 彼はいつもおかしい話で人を笑わせます。 그는 늘 우스운 말로 사람들을 웃깁니다.

N3 | うらやましい — 부럽다 [い형]
彼の才能がうらやましいです。
그의 재능이 부럽습니다.

N2 | たまらない — 참을 수 없다 [い형]
恥ずかしくてたまりません。
부끄러워 견딜 수 없습니다.

N5 | つまらない — 지루하다, 별것 아니다 [い형]
つまらないものですが、どうぞ。
별것 아니지만 부디 받아주세요.

N3 | くだらない — 시시하다 [い형]
くだらない冗談は言わないでください。
시시한 농담은 하지 마세요.

N3 | 面倒くさい — 귀찮다 [い형]
今日は疲れて面倒くさいから、何か買って食べましょう。
오늘은 피곤해서 귀찮으니 뭔가 사서 먹읍시다.

気味悪い — 섬뜩하다 [い형]
誰もいないのにドアが開いて気味悪かったです。
아무도 없는데 문이 열려서 섬뜩했습니다.

気分が悪い — 기분 나쁘다
理由もないのに怒られて、気分が悪いです。
이유도 없이 혼나서 기분이 나쁩니다.

N3

悔(くや)しい [い형]
분하다, 억울하다

試合(しあい)に負(ま)けて悔(くや)しいです。
시합에 져서 분합니다.

N2

惜(お)しい [い형]
애석하다, 아깝다

あと一点(いってん)で合格(ごうかく)だったのに、かなり惜(お)しかったです。
1점만 더 있었으면 합격이었는데, 너무나 아까웠습니다.

N3

もったいない [い형]
아쉽다, 아깝다, 과분하다

捨(す)てるのはもったいないです。
버리기에는 아깝습니다.

N1

情(なさ)けない [い형]
한심하다

今年(ことし)は情(なさ)けない自分(じぶん)を変(か)えたいです。
올해는 한심한 저를 바꾸고 싶습니다.

N5

好(す)きだ [な형]
좋다, 좋아하다

外国語(がいこくご)を勉強(べんきょう)するのが好(す)きです。
외국어를 공부하는 것을 좋아합니다.

N5

嫌(きら)いだ [な형]
싫다, 싫어하다

子供(こども)の頃(ころ)、玉(たま)ねぎが嫌(きら)いでした。
어렸을 때 양파를 싫어했습니다.

N5

大好(だいす)きだ [な형]
대단히 좋아하다

大好(だいす)きな趣味(しゅみ)のためにバイトをしています。
아주 좋아하는 취미를 위해 아르바이트를 하고 있습니다.

大嫌(だいきら)いだ [な형] (N5)	몹시 싫어하다	ピーマンが大嫌いで、ぜんぜん食(た)べません。 피망을 아주 싫어해서 전혀 먹지 않습니다.
嫌(いや)だ [な형] (N5)	싫다, 불쾌하다	最初(さいしょ)は嫌(いや)なやつでしたが、いつの間(ま)にか好(す)きになりました。 처음에는 싫은 녀석이었는데, 어느 샌가 좋아지게 되었습니다.
大丈夫(だいじょうぶ)だ [な형] (N3)	괜찮다	この車(くるま)はまだ大丈夫(だいじょうぶ)です。 이 차는 아직 괜찮습니다.
幸(しあわ)せだ [な형] (N2)	행복하다	幸(しあわ)せな結婚生活(けっこんせいかつ)をしています。 행복한 결혼생활을 하고 있습니다.
不愉快(ふゆかい)だ [な형] (N4)	불쾌하다, 기분이 나쁘다	彼(かれ)の話(はなし)を聞(き)いているうちに、不愉快(ふゆかい)になりました。 그의 이야기를 듣는 동안 기분이 나빠졌습니다.
大切(たいせつ)だ [な형] (N4)	소중하다, 중요하다	試験勉強(しけんべんきょう)より日(ひ)ごろの勉強(べんきょう)が大切(たいせつ)です。 시험공부보다 평소에 하는 공부가 중요합니다.
十分(じゅうぶん)だ [な형]	충분하다, 족하다	説明(せつめい)はこれで十分(じゅうぶん)です。 설명은 이것으로 충분합니다.

無駄だ (な形) — N3
헛되다, 쓸데없다

あの人は怒っているので、何を話しても無駄です。
저 사람은 화가 나 있기 때문이 무슨 말을 해도 소용이 없습니다.

不幸だ (な形) — N2
불행하다

お金はありませんが、不幸な人生じゃありません。
돈은 없지만 불행한 인생은 아닙니다.

不思議だ (な形) — N2
이상하다, 불가사의하다

昨日、不思議な夢を見ました。
어제 이상한 꿈을 꿨습니다.

変だ (な形) — N4
이상하다, 수상쩍다

二人はちょっと変です。付き合っているかもしれません。
둘이 조금 수상쩍습니다. 사귀고 있는지도 모르겠어요.

残念だ (な形) — N4
유감이다

残念ですが、今日は忙しくて時間がありません。
유감입니다만, 오늘은 바빠서 시간이 없습니다.

平気だ (な形) — N3
아무렇지 않다, 태연하다

一郎君は、就職試験に落ちたのに平気です。
이치로 군은 취직시험에 불합격했는데도 태연합니다.

楽だ (な形) — N3
편안하다, 안락하다, 쉽다

サッカーの試合でうちのチームは相手に楽に勝ちました。
축구시합에서 우리팀은 상대를 쉽게 이겼습니다.

N3	気楽だ きらく [な형]	마음이 편하다	どうぞ気楽にお過ごしください。 부디 편하게 지내시기 바랍니다.
N2	退屈だ たいくつ [な형]	지루하다	授業が退屈で寝てしまいました。 수업이 지루해서 자버렸습니다.
N3	面倒だ めんどう [な형]	번거롭다, 귀찮다	大きいかばんを持って歩くのは面倒です。 큰 가방을 들고 다니는 것은 귀찮습니다.
N3	かわいそうだ [な형]	안쓰럽다, 가엾다	親をなくした子猫がかわいそうです。 어미를 잃은 새끼고양이가 가엾습니다.
N4	本気だ ほんき [な형]	진심이다	今、本気で言っているのですか。 지금, 진심으로 말하는 겁니까?
N3	好む この [동]	좋아하다, 즐기다	夫は辛いものを好んで食べます。 남편은 매운 것은 즐겨 먹습니다.
N2	嫌う きら [동]	싫어하다	歌手の中で音楽を嫌う人はいません。 가수 중에 음악을 싫어하는 사람은 없습니다.

N4	喜ぶ (よろこぶ) [동]	기뻐하다	両親は私の合格を喜んでいます。 부모님은 나의 합격을 기뻐하고 계십니다.
N3	悲しむ (かなしむ) [동]	슬퍼하다	けんちゃんは犬の死を悲しんでいます。 켄은 개의 죽음을 슬퍼하고 있습니다.
N3	楽しむ (たのしむ) [동]	기대하다, 즐기다	連絡を楽しみにしています。 연락을 기대하고 있겠습니다.
N2	憎む (にくむ) [동]	미워하다	人を憎むことは辛いです。 사람을 미워하는 것은 괴롭습니다.
N4	驚く (おどろく) [동]	놀라다	息子がタバコを吸うのを見て驚きました。 아들이 담배 피우는 걸 보고 놀랐습니다.
N3	飽きる (あきる) [동]	질리다, 물리다, 싫증나다	日本に行って飽きるほどすしが食べたいです。 일본에 가서 질리도록 스시를 먹고 싶습니다.
N4	怒る (おこる) [동]	화내다	約束を破ったので怒るのも当然です。 약속을 어겼으니 화내는 것도 당연합니다.

N4

叱る
しか
동

꾸짖다, 야단치다

子供を大きい声で叱るのはよくありません。
어린아이를 큰 소리로 야단치는 것은 좋지 않습니다.

N4

ほめる
동

칭찬하다

先生はよくできたとほめてくれました。
선생님이 잘했다고 칭찬해 주셨습니다.

N4

いじめる
동

괴롭히다

動物をいじめてはいけません。
동물을 괴롭히면 안 됩니다.

N5

困る
こま
동

곤란하다

学費に困っています。
학비 마련에 곤란을 겪고 있습니다.

N4

願う
ねが
동

원하다, 바라다

あなたが願うのは何ですか。
당신이 바라는 것은 무엇입니까?

N4

祝う
いわ
동

축하하다

卒業を祝う歌を歌いました。
졸업을 축하하는 노래를 불렀습니다.

N3

あきらめる
동

단념하다, 포기하다

大学進学をあきらめました。
대학 진학을 포기했습니다.

N3			
	感動する(かんどう) [동]	감동하다	母(はは)の日(ひ)、子供(こども)からお花(はな)とカードをもらって感動(かんどう)しました。 어머니날에 아이에게 꽃과 카드 받고 감동했습니다.

N4			
	びっくりする [동]	깜짝 놀라다	道(みち)で知(し)らない人(ひと)に名前(なまえ)を呼(よ)ばれて、びっくりしました。 길에서 모르는 사람이 이름을 불러서 깜짝 놀랐습니다.

N4			
	心配する(しんぱい) [동]	걱정하다	大丈夫(だいじょうぶ)です。心配(しんぱい)しないでください。 괜찮습니다. 걱정마세요.

N2			
	我慢する(がまん) [동]	참다	お腹(なか)がすいて我慢(がまん)できません。 배가 고파 참을 수가 없습니다.

N3			
	愛する(あい) [동]	사랑하다	あなたのことを愛(あい)しています。 당신을 사랑합니다.

N3			
	迷惑をかける(めいわく)	폐를 끼치다	人(ひと)に迷惑(めいわく)をかけてはいけませんよ。 남에게 폐를 끼치면 안됩니다.

UNIT 09
형태와 성질

🎧 MP3를 들어보세요

しろ
白 하양

くろ
黒 검정

あか
赤 빨강

あお
青 파랑

き いろ
黄色 노란색

ちゃ いろ
茶色 갈색

みどりいろ
緑色 초록색

はいいろ
灰色 회색

さんかくけい
三角形 삼각형

し かくけい
四角形 사각형

まる
丸 동그라미, 원

む じ
無地 민무늬

はながら
花柄 꽃무늬

がら
チェック柄 체크무늬

がら
ドット柄 도트무늬

ストライプ 줄무늬

N5

| 色(いろ) [명] | 색 | どんな色(いろ)が好(す)きですか。
무슨 색을 좋아하세요? |

N2

| 柄(がら) [명] | 무늬 | この服(ふく)は柄(がら)がかわいいです。
이 옷은 무늬가 귀엽습니다. |

N5

| 白(しろ)い [い형] | 희다, 하얗다 | 白(しろ)いスニーカーを買(か)いました。
하얀 운동화를 샀습니다. |

N5

| 黒(くろ)い [い형] | 검다, 까맣다 | 大(おお)きくて黒(くろ)いかばんがほしいです。
크고 검은 가방이 필요합니다. |

N5

| 赤(あか)い [い형] | 붉다, 빨갛다 | 目(め)が赤(あか)いですね。病院(びょういん)に行(い)ったほうがいいですよ。
눈이 빨갛네요. 병원에 가는 게 좋겠어요. |

N5

| 青(あお)い [い형] | 푸르다, 파랗다 | 今日(きょう)は天気(てんき)もいいし、空(そら)も青(あお)いですね。
오늘은 날씨도 좋고 하늘도 파랗네요. |

N5

| 大(おお)きい [い형] | 크다 | 大(おお)きいかばんを買(か)いに出(で)かけました。
큰 가방을 사러 나갔습니다. |

N5			
小さい ちい [い형]	작다	小さいかばんがほしいです。 작은 가방이 갖고 싶습니다.	

N5			
多い おお [い형]	많다	この化粧品は水分が多いです。 이 화장품에는 수분이 많습니다.	

N5			
少ない すく [い형]	적다	映画館に観客が少ないです。 영화관에 관객이 적습니다.	

N5			
長い なが [い형]	길다	彼女は髪の毛が長いです。 그녀는 머리카락이 깁니다.	

N5			
短い みじか [い형]	짧다	髪の毛を短く切りました。 머리카락을 짧게 잘랐습니다.	

N5			
高い たか [い형]	(높이, 수준) 높다	鈴木さんは背が高いです。 스즈키 씨는 키가 큽니다.	

N5			
低い ひく [い형]	(높이, 수준) 낮다	弟は私より背が低いです。 남동생은 나보다 키가 작습니다.	

N5

近(ちか)い
い형
가깝다
近(ちか)くの公園(こうえん)に遊(あそ)びに行(い)きましょう。
가까운 공원에 놀러갑시다.

N5

遠(とお)い
い형
멀다
会社(かいしゃ)まで遠(とお)いですか。
회사까지 멉니까?

N5

重(おも)い
い형
무겁다
この荷物(にもつ)はとても重(おも)くて持(も)つことができません。
이 짐은 너무 무거워서 들 수가 없습니다.

N5

軽(かる)い
い형
가볍다
このノートパソコンは軽(かる)いです。
이 노트북은 가볍습니다.

N5

広(ひろ)い
い형
넓다
私(わたし)の部屋(へや)は広(ひろ)くありません。
내 방은 넓지 않습니다.

N5

狭(せま)い
い형
좁다
狭(せま)い所(ところ)に１０人(じゅうにん)も住(す)んでいます。
좁은 곳에 10명이나 살고 있습니다.

N4

厚(あつ)い
い형
두껍다
父(ちち)の書斎(しょさい)には厚(あつ)い本(ほん)がたくさんあります。
아빠의 서재에는 두꺼운 책이 많습니다.

N4			
細い ほそ [い형]	가늘다, (폭이) 좁다	ここからは道が細くなります。 여기부터는 길이 좁아집니다.	

N4			
やさしい [い형]	쉽다	「やさしい日本語」という本がありますか。 '쉬운 일본어'라는 책이 있습니까?	

N5			
難しい むずか [い형]	어렵다	私は日本語より英語のほうが難しいです。 나는 일본어보다 영어쪽이 어렵습니다.	

N5			
弱い よわ [い형]	약하다	彼はお酒に弱いです。 그는 술이 약합니다.	

N5			
強い つよ [い형]	강하다	強い風が吹いて来ました。 강한 바람이 불어왔습니다.	

N4			
浅い あさ [い형]	얕다	このプールは浅くて子供が遊んでも大丈夫です。 이 수영장은 얕아서 아이들이 놀아도 괜찮습니다.	

N4			
深い ふか [い형]	깊다	深い海の中でイルカが泳いでいます。 깊은 바다 속에 돌고래가 헤엄치고 있습니다.	

N5	早い はや [い形]	빠르다	朝早く起きて運動をしています。 아침 일찍 일어나 운동을 하고 있습니다.
N5	遅い おそ [い形]	느리다	今日は帰りが遅いですね。 오늘은 귀가가 늦네요.
N5	明るい あか [い形]	밝다	電気を付けると部屋が明るくなりました。 불을 켜자 방이 밝아졌습니다.
N5	暗い くら [い形]	어둡다	電気を消すと部屋が暗くなりました。 불을 끄자 방이 어두워졌습니다.
N5	古い ふる [い形]	낡다, 오래되다	壁におじいさんの古い時計がかかっています。 벽에 할아버지의 낡은 시계가 걸려 있습니다.
N5	新しい あたら [い形]	새롭다	新しい服を買いました。 새 옷을 샀습니다.
N4	固い かた [い形]	딱딱하다	昨日買ったパンが固くなってしまいました。 어제 산 빵이 딱딱해지고 말았습니다.

N4			
やわらかい [い形]	부드럽다	このパンはやわらかくて、とてもおいしいです。 이 빵은 부드럽고 아주 맛있습니다.	

N4			
熱(あつ)い [い形]	뜨겁다	このコーヒーは熱(あつ)くて飲(の)めません。 이 커피는 뜨거워서 마실 수가 없습니다.	

N4			
冷(つめ)たい [い形]	차갑다	冷(つめ)たいコーヒーはあまり好(す)きじゃありません。 차가운 커피는 별로 좋아하지 않습니다.	

N4			
美(うつく)しい [い形]	아름답다	美術館(びじゅつかん)に美(うつく)しい絵(え)がたくさんあります。 미술관에 아름다운 그림이 많이 있습니다.	

N4			
素晴(すば)らしい [い形]	훌륭하다, 멋지다	彼(かれ)の歌声(うたごえ)は素晴(すば)らしいです。 그의 노랫소리는 멋집니다.	

N3			
みにくい [い形]	추하다, 보기 흉하다	その映画(えいが)のモンスターは本当(ほんとう)にみにくいです。 그 영화에 나오는 괴물은 정말 추합니다.	

N5			
うるさい [い形]	시끄럽다, 성가시다	うるさいですよ。ちょっと静(しず)かにしてください。 시끄러워요. 좀 조용히 해 주세요.	

UNIT 09

N3

臭い （い형）
냄새나다, 구리다

冷蔵庫の中の臭い魚を捨てました。
냉장고 안의 냄새 나는 생선을 버렸습니다.

N5

汚い （い형）
더럽다

汚い手をきれいに洗いました。
더러운 손을 깨끗하게 씻었습니다.

N5

きれいだ （な형）
예쁘다, 깨끗하다

部屋をきれいに掃除しました。
방을 깨끗하게 청소했습니다.

N2

ハンサムだ （な형）
잘생기다

あのハンサムな男の人は誰ですか。
저 잘생긴 남자는 누구입니까?

N3

派手だ （な형）
(차림새가) 화려하다

派手な柄のシャツを買いました。
화려한 무늬의 셔츠를 샀습니다.

N2

地味だ （な형）
수수하다, 촌스럽다, 검소하다

私は地味な服が好きです。
나는 수수한 옷을 좋아합니다.

N3

素敵だ （な형）
멋지다, 근사하다

いつか素敵な人に出会って結婚したいです。
언젠가 멋진 사람 만나서 결혼하고 싶어요.

N5	便利だ (べんり) [な형]	편리하다	スマートフォンは便利です。 스마트폰은 편리합니다.
N4	不便だ (ふべん) [な형]	불편하다	交通が不便でした。 교통이 불편했습니다.
N4	簡単だ (かんたん) [な형]	간단하다	簡単な問題です。 간단한 문제입니다.
N4	複雑だ (ふくざつ) [な형]	복잡하다	複雑な計算はパソコンに任せてください。 복잡한 계산은 컴퓨터에게 맡기세요.
N4	確かだ (たし) [な형]	확실하다	それは確かな情報ですか。 그것은 확실한 정보입니까?
N4	立派だ (りっぱ) [な형]	뛰어나다, 훌륭하다	立派な人になってね。 훌륭한 사람이 되렴.
N5	有名だ (ゆうめい) [な형]	유명하다	ここは韓国で一番有名なサムゲタンのお店です。 이곳은 한국에서 가장 유명한 삼계탕 가게입니다.

UNIT 10
외모와 쇼핑

🎧 MP3를 들어보세요

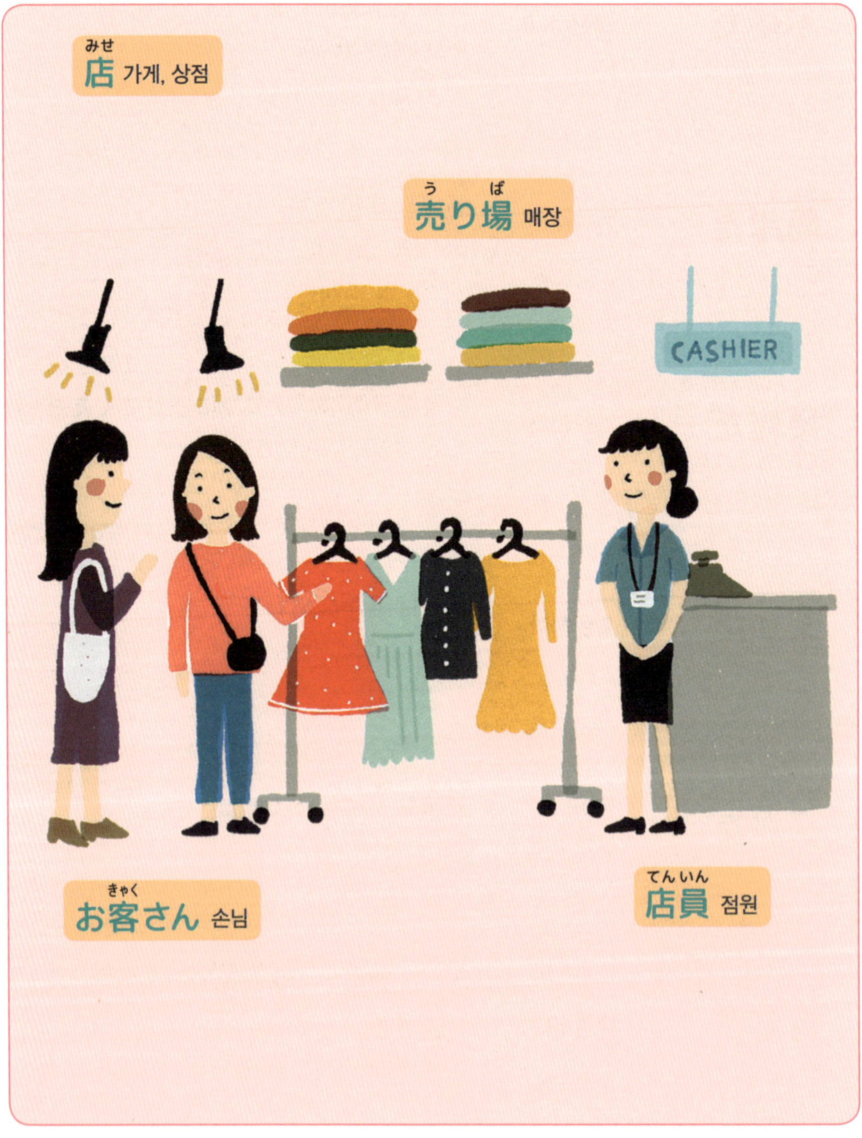

店 (みせ) 가게, 상점

売り場 (うば) 매장

お客さん (きゃく) 손님

店員 (てんいん) 점원

N5 買(か)い物(もの) 명	쇼핑, 장보기	今夜(こんや)お客(きゃく)さんが来(く)るので、買(か)い物(もの)に行ってきます。 오늘밤 손님이 오시니까 장을 보러 다녀오겠습니다.	
N3 割引(わりびき) 명	할인	映画館(えいがかん)の割引(わりびき)チケットをもらいました。 영화관 할인 티켓을 받았습니다.	
N3 販売(はんばい) 명	판매	50％割引(ごじゅっパーセントわりびき)で販売(はんばい)しています。 50%할인해서 판매하고 있습니다.	
N3 商品(しょうひん) 명	상품	あちらのコーナーでアイデア商品(しょうひん)を販売(はんばい)しています。 저쪽 코너에서 아이디어 상품을 판매하고 있습니다.	
N2 商店街(しょうてんがい) 명	상점가	商店街(しょうてんがい)にはいろいろなお店(みせ)があります。 상점가에는 다양한 가게가 있습니다.	
N4 お土産(みやげ) 명	특산품, (여행) 기념품	友達(ともだち)にあげるお土産(みやげ)をまだ選(えら)んでいません。 친구에게 줄 기념품을 아직 고르지 못했습니다.	
N4 プレゼント 명	선물	誕生日(たんじょうび)プレゼントに化粧品(けしょうひん)がほしいです。 생일선물로 화장품을 받고 싶습니다.	

N4

祝い (いわい) 【名】
축하, 축하선물

入学祝いに時計をもらいました。
입학 선물로 시계를 받았습니다.

N3

サイズ 【名】
사이즈

もうちょっと大きいサイズはありませんか。
좀 더 큰 사이즈는 없습니까?

N5

いくら 【名】
얼마

全部でおいくらですか。
전부 얼마입니까?

N4

値段 (ねだん) 【名】
가격

値段が高くて買いませんでした。
가격이 비싸서 사지 않았습니다.

N2

勘定 (かんじょう) 【名】
계산

お勘定お願いします。
계산 부탁드릴게요.

N4

支払い (しはらい) 【名】
지불

お支払いはどうなさいますか。
지불은 어떻게 하시겠습니까?

N3

現金 (げんきん) 【名】
현금

食事代は現金で払いました。
식대는 현금으로 지불했습니다.

クレジットカード [명]	신용카드	初めて**クレジットカード**を作りました。 처음으로 신용카드를 만들었습니다.
N2 **割り勘**(わりかん) [명]	각자 계산, 각출	支払(しはら)いは**割(わ)り勘(かん)**にしましょう。 지불은 각자 계산으로 합시다.
N5 **高い**(たかい) [い형]	비싸다	韓国(かんこく)は最近物価(さいきんぶっか)が**高(たか)く**なりました。 한국은 최근 물가가 비싸졌습니다.
N5 **安い**(やすい) [い형]	싸다	もうちょっと**安(やす)い**のを見(み)せてください。 좀 더 싼 것을 보여 주세요.
N5 **買う**(かう) [동]	사다	新(あたら)しい車(くるま)を**買(か)い**ました。 새 차를 샀습니다.
N5 **売る**(うる) [동]	팔다	高(たか)く買(か)ったかばんを安(やす)く**売(う)り**ました。 비싸게 산 가방을 싸게 팔았습니다.
N4 **選ぶ**(えらぶ) [동]	고르다	この中(なか)から二(ふた)つ**選(えら)んで**ください。 이 중에서 두 개 고르세요.

N4

払(はら)う
동

지불하다

家賃(やちん)を払(はら)いました。
집세를 지불했습니다.

N4

気(き)に入(い)る
관

마음에 들다

青(あお)い色(いろ)のほうが気(き)に入(い)っています。
파란색 쪽이 마음에 듭니다.

N4

似合(にあ)う
동

어울리다

スカートよりズボンのほうがあなたに似合(にあ)ってるね。
치마보다 바지가 너에게 잘 어울려.

- コート — 코트, 외투
- ジャケット — 재킷
- シャツ — 셔츠
- ベスト — 조끼
- セーター — 스웨터
- ワンピース — 원피스
- パジャマ — 파자마, 잠옷
- スカート — 스커트

ズボン　くつ　スニーカー　サンダル
바지　구두　스니커즈　샌들

めがね　ネクタイ　帽子(ぼうし)　ベルト
안경　넥타이　모자　벨트

手袋(てぶくろ)　腕時計(うでどけい)　ネックレス　指輪(ゆびわ)
장갑　손목시계　목걸이　반지

N5

服 (ふく) 〔명〕 | 옷 | 新しい服を買いにデパートに行きました。
새 옷을 사러 백화점에 갔습니다.

N4

着物 (きもの) 〔명〕 | 옷, 일본 전통 의상 | 日本伝統の着物を着てみました。
일본 전통 기모노를 입어 봤습니다.

N5

洋服 (ようふく) 〔명〕 | 옷, 양복 | その人は洋服を作る有名なデザイナーです。
그 사람은 양복을 만드는 유명한 디자이너입니다.

N5

上着 (うわぎ) 〔명〕 | 상의, 겉옷 | 上着を脱いでハンガーに掛けました。
겉옷을 벗어서 옷걸이에 걸었습니다.

N4

下着 (したぎ) 〔명〕 | 속옷 | 下着を売るお店はどこにありますか。
속옷을 파는 가게는 어디에 있습니까?

N3

水着 (みずぎ) 〔명〕 | 수영복 | 水着を着て海で泳ぎました。
수영복을 입고 바다에서 수영을 했습니다.

N2

半そで (はんそで) 〔명〕 | 반팔, 짧은 소매 | 主人は真冬でも家では半そでを着て生活します。
남편은 한겨울에도 집에서는 반팔을 입고 생활합니다.

ジーパン [명]	청바지	私(わたし)はスカートよりジーパンのほうが好(す)きです。 나는 치마보다 청바지를 좋아합니다.
半(はん)ズボン [명]	반바지	子供(こども)は半(はん)ズボンをはいて遊(あそ)びに出(で)かけました。 아이는 반바지를 입고 놀러 나갔습니다.
靴下(くつした) [명]	양말	スーツに合(あ)わせて、黒(くろ)い靴下(くつした)をはきました。 정장에 맞춰서 검은 양말을 신었습니다.
着(き)る [동]	(상의를) 입다	このコート、着(き)てみてもいいですか。 이 코트 입어 봐도 됩니까?
はく [동]	(하의를) 입다, 신다	彼(かれ)は白(しろ)いくつをはいています。 그는 흰 구두를 신었습니다.
脱(ぬ)ぐ [동]	벗다	すみませんが、帽子(ぼうし)を脱(ぬ)いでくださいませんか。 죄송하지만, 모자를 벗어 주시겠습니까?
締(し)める [동]	매다, 조이다	着物(きもの)を着(き)て帯(おび)を締(し)めました。 기모노를 입고 띠를 매었습니다.

N5			
かぶる（動）	뒤집어쓰다	帽子をかぶって外出しました。	모자를 쓰고 외출했습니다.

N2			
つける（動）	걸치다	エプロンをつけて料理をしました。	앞치마를 걸치고 요리를 했습니다.

N4			
飾る（動）	꾸미다, 장식하다	部屋をきれいなお花で飾りました。	방을 아름다운 꽃으로 장식했습니다.

N2			
姿（名）	모습, 차림	下着姿で道を歩きまわってはいけません。	속옷 차림으로 길을 돌아다니면 안 됩니다.

N1			
身なり（名）	차림새	彼女はいつも地味な身なりです。	그녀는 언제나 수수한 차림새입니다.

N5			
背（名）	키	モデルは背が高い人が多いです。	모델은 키가 큰 사람이 많습니다.

N4			
アクセサリー（名）	액세서리, 장신구	私はシンプルなアクセサリーが好きです。	나는 심플한 액세서리를 좋아합니다.

サングラス 〔명〕	선글라스	あのカップルは同<ruby>じ<rt>おな</rt></ruby>デザインの<mark>サングラス</mark>をかけています。 저 커플은 같은 디자인의 선글라스를 끼고 있습니다.
ハンカチ 〔명〕	손수건	<ruby>毎日<rt>まいにち</rt></ruby><mark>ハンカチ</mark>を<ruby>持<rt>も</rt></ruby>って<ruby>学校<rt>がっこう</rt></ruby>に<ruby>行<rt>い</rt></ruby>きます。 매일 손수건을 가지고 학교에 갑니다.
マフラー 〔명〕	머플러	<ruby>今日<rt>きょう</rt></ruby>は<ruby>友達<rt>ともだち</rt></ruby>からもらった<mark>マフラー</mark>をしました。 오늘은 친구에게 받은 머플러를 했습니다.
<ruby>財布<rt>さいふ</rt></ruby> 〔명〕	지갑	<ruby>財布<rt>さいふ</rt></ruby>を<ruby>落<rt>お</rt></ruby>としました。 지갑을 잃어버렸습니다.
かばん 〔명〕	가방	<ruby>小<rt>ちい</rt></ruby>さくて<ruby>黒<rt>くろ</rt></ruby>い<mark>かばん</mark>を<ruby>買<rt>か</rt></ruby>いました。 작고 검은 가방을 샀습니다.
ハンドバック 〔명〕	핸드백	この<mark>ハンドバック</mark>はあの<ruby>赤<rt>あか</rt></ruby>いワンピースとよく<ruby>似<rt>に</rt></ruby><ruby>合<rt>あ</rt></ruby>うと<ruby>思<rt>おも</rt></ruby>います。 이 핸드백은 저 빨간 원피스와 잘 어울리는 거 같아요.
ポーチ 〔명〕	파우치	<ruby>小<rt>ちい</rt></ruby>さいものを<ruby>入<rt>い</rt></ruby>れる<mark>ポーチ</mark>が<ruby>必要<rt>ひつよう</rt></ruby>です。 작은 물건을 넣을 파우치가 필요합니다.

化粧品（けしょうひん）[名] N4	화장품	友達の誕生日プレゼントに化粧品を買いました。 친구 생일 선물로 화장품을 샀습니다.
太る（ふとる）[動] N4	살찌다	最近、甘いケーキをたくさん食べて太ってしまいました。 요새 단 케이크를 많이 먹어서 살이 쪘습니다.
やせる[動] N4	살이 빠지다, 마르다	母はやせています。 엄마는 몸이 말랐습니다.
かっこういい[い형] N5	멋지다, 근사하다	かっこういい男の人とデートしたい。 멋진 남자와 데이트하고 싶다.
かわいい[い형] N3	귀엽다, 예쁘다	この猫の人形、とてもかわいい。 이 고양이 인형, 정말 귀엽다.
おしゃれだ[な형]	화려하다, 멋지다	おしゃれなくつを買いました。 멋진 구두를 샀습니다.

UNIT 11
맛과 음식

🎧 MP3를 들어보세요

ご飯 밥

味噌汁(みそしる) 된장국

どんぶり 덮밥

焼肉(やきにく) 불고기

うどん 우동

そば 메밀국수

ラーメン 라면

すし 초밥

とんかつ 돈가스

のりまき 김밥

サラダ 샐러드

さしみ 회

お好(この)み焼(や)き
오코노미야끼

チャーハン
(중국식) 볶음밥

カレーライス
카레라이스

牛丼(ぎゅうどん)
소고기덮밥

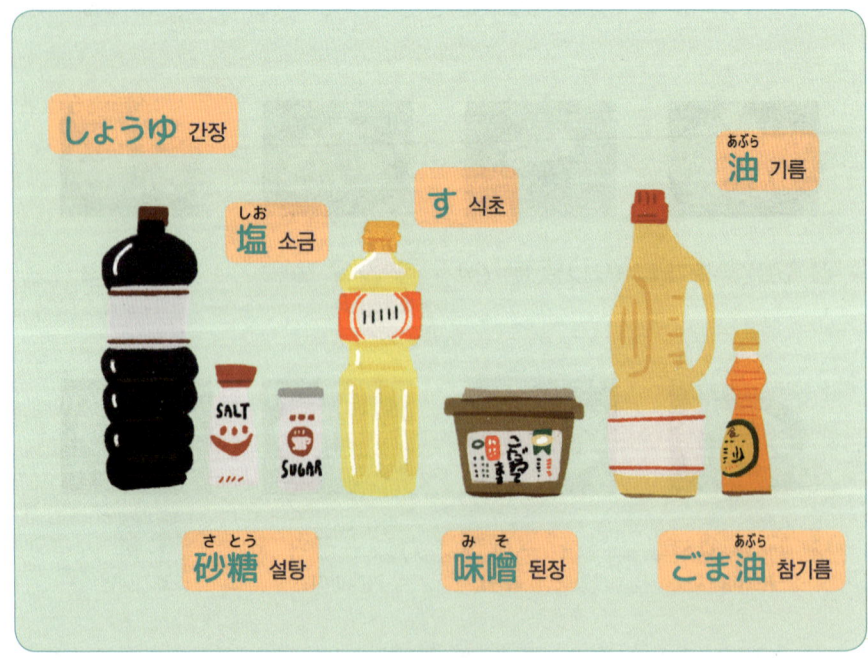

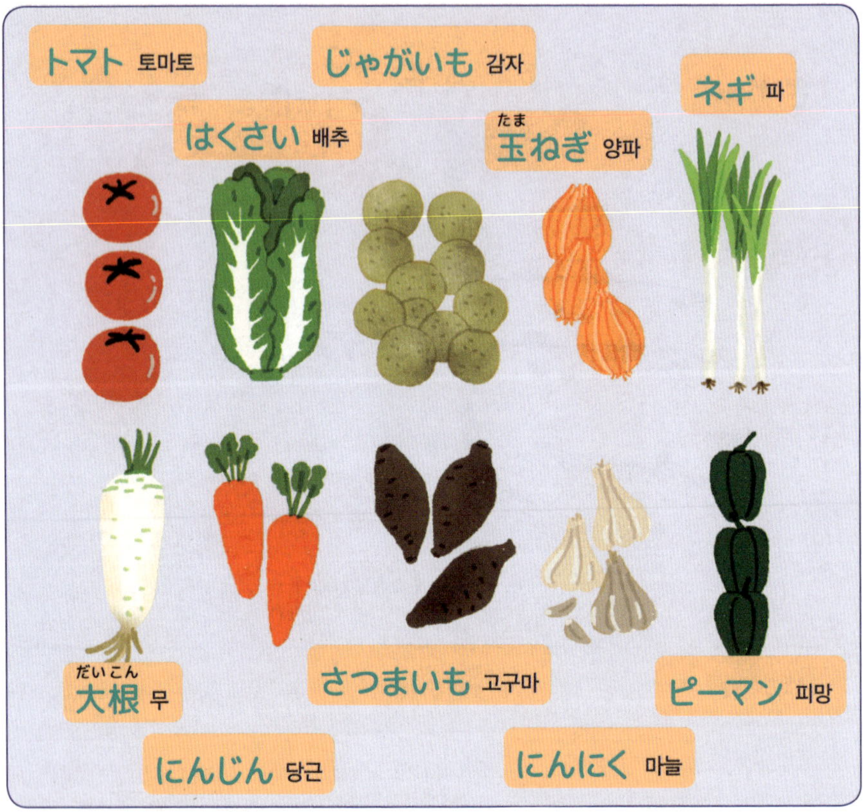

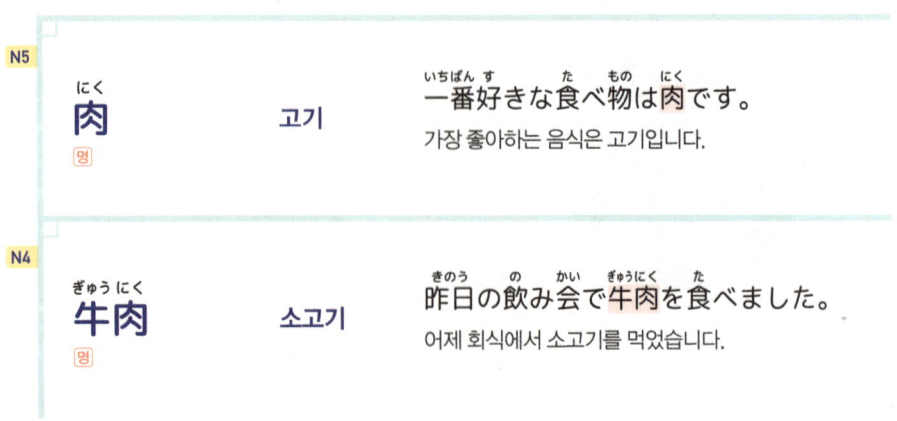

N5	にく **肉** [명]	고기	いちばん す た もの にく 一番好きな食べ物は肉です。 가장 좋아하는 음식은 고기입니다.
N4	ぎゅうにく **牛肉** [명]	소고기	きのう の かい ぎゅうにく た 昨日の飲み会で牛肉を食べました。 어제 회식에서 소고기를 먹었습니다.

N4

| ぶたにく
豚肉
[명] | 돼지고기 | イスラム教徒は豚肉を食べません。
이슬람교도는 돼지고기를 먹지 않습니다. |

N5

| とりにく
鶏肉
[명] | 닭고기 | このサラダには鶏肉が入っています。
이 샐러드에는 닭고기가 들어 있습니다. |

N5

| さかな
魚
[명] | 물고기, 생선 | 魚をきれいに洗って、塩をふっておきました。
생선을 깨끗하게 씻어서, 소금을 뿌려 두었습니다. |

N5

| やさい
野菜
[명] | 야채, 채소 | 体にいい野菜を毎日たくさん食べてください。
몸에 좋은 채소를 매일 많이 드세요. |

N5

| くだもの
果物
[명] | 과일 | 私は果物なら何でも好きです。
나는 과일이라면 뭐든 좋아합니다. |

N5

| たもの
食べ物
[명] | 음식, 먹을 것 | 一番好きな食べ物は何ですか。
가장 좋아하는 음식은 무엇입니까? |

N5

| りょうり
料理
[명] | 요리 | 私の趣味は料理です。
내 취미는 요리입니다. |

N4	食事(しょくじ) [명]	식사	暇(ひま)な時(とき)、食事(しょくじ)でもしませんか。 한가할 때 식사라도 하지 않을래요?
N5	朝(あさ)ごはん [명]	아침식사	朝(あさ)ごはんはいつもパンを食(た)べています。 아침은 늘 빵을 먹습니다.
N5	昼(ひる)ごはん [명]	점심식사	まだ昼(ひる)ごはんは食(た)べていません。 아직 점심은 먹지 않았습니다.
N5	夕(ゆう)ごはん [명]	저녁식사	今日(きょう)の夕(ゆう)ごはんはカレーライスです。 오늘 저녁은 카레라이스입니다.
	家庭料理(かていりょうり) [명]	가정식, 집밥	コンビニ弁当(べんとう)は飽(あ)きた。家庭料理(かていりょうり)が食(た)べたい。 편의점 도시락은 질렸다. 집밥을 먹고 싶다.
N4	弁当(べんとう) [명]	도시락	遠足(えんそく)に行(い)って食(た)べる弁当(べんとう)はとてもおいしいです。 소풍 가서 먹는 도시락은 정말 맛있습니다.
	出前(でまえ) [명]	배달	金曜日(きんようび)の夜(よる)は出前(でまえ)のチキンが一番(いちばん)です。 금요일 밤은 배달 치킨이 최고입니다.

N1

定食 [명]
ていしょく

정식

私は焼肉定食にします。
わたし　やきにくていしょく

저는 불고기정식으로 하겠습니다.

N2

なべ [명]

냄비요리, 찌개

寒い日はなべが食べたくなります。
さむ　ひ　　　　　　　　た

추운 날에는 찌개가 먹고 싶습니다.

つけもの [명]

(채소) 절임

きゅうりでつけものをつけました。

오이로 절임을 만들었습니다.

N2

おやつ [명]

간식

午後3時ごろにおやつを食べます。
ご ご さんじ　　　　　　　　た

오후 3시쯤에 간식을 먹습니다.

めん [명]

면, 국수

そば、うどん、ラーメンなど、めんなら何でも好きです。
　　　　　　　　　　　　　　　　　　なん　す

메밀국수, 우동, 라면 등 면이라면 뭐든 좋아합니다.

N2

和食 [명]
わ しょく

일식

日本の料理を「和食」といいます。
に ほん　りょうり　　わしょく

일본 요리를 '일식(화식)'이라고 합니다.

韓国料理 [명]
かんこくりょうり

한국요리

韓国料理の中で辛いキムチチゲが一番おいしいです。
かんこくりょうり　なか　から　　　　　　　　　　いちばん

한국요리 중에서 매운 김치찌개가 가장 맛있습니다.

中華料理（ちゅうかりょうり）[명]	중국요리	中華料理は好きですか。 중국요리는 좋아하나요?
洋食（ようしょく）[명]	양식	今日は洋食にしましょう。 오늘은 양식으로 합시다.
レストラン [명]	레스토랑	会社の近くに新しいレストランができました。 회사 근처에 새 레스토랑이 생겼습니다.
食堂（しょくどう）[명]	식당	今日の晩ごはんは家の近くの食堂で食べました。 오늘 저녁밥은 집 근처 식당에서 먹었습니다.
そば屋（や）[명]	메밀국수가게	おいしくて安いそば屋を知っていますか。 맛있고 싼 메밀국수집 아세요?
すし屋（や）[명]	초밥집	おすしが大好きで、週2回はこのすし屋で食べています。 초밥을 아주 좋아해서 주 2회는 이 초밥집에서 먹습니다.
ラーメン屋（や）[명]	라면가게	昨日ラーメン屋に行って味噌ラーメンを食べました。 어제 라면집에 가서 된장라면을 먹었습니다.

N2			
居酒屋(いざかや) 〔名〕	선술집	寒(さむ)いので、居酒屋(いざかや)に行(い)って一杯(いっぱい)飲(の)んで帰(かえ)りましょう。 추우니까 선술집에 가서 한 잔 마시고 돌아갑시다.	

うどん屋(や) 〔名〕	우동가게	この町(まち)にはうどん屋(や)が一(ひと)つもありません。 이 동네에는 우동가게가 하나도 없습니다.	

カフェ 〔名〕	카페	この前(まえ)会(あ)ったカフェで会(あ)いましょう。 요전에 만났던 카페에서 만납시다.	

N3			
メニュー 〔名〕	메뉴	メニューを見(み)ながら料理(りょうり)を選(えら)んでいます。 메뉴를 보면서 요리를 고르고 있습니다.	

N3			
注文(ちゅうもん) 〔名〕	주문	出前(でまえ)でピザを注文(ちゅうもん)しました。 배달로 피자를 주문했습니다.	

N2			
お代(か)わり 〔名〕	추가, 리필	コーラ、お代(か)わりもらってもいいですか。 콜라 리필 되나요?	

シェフ 〔名〕	요리사	おいしい料理(りょうり)を作(つく)るシェフになりたいです。 맛있는 요리를 만드는 요리사가 되고 싶습니다.	

UNIT 11

N5	飲(の)み物(もの) [명]	마실 것, 음료수	お飲(の)み物(もの)は何(なに)になさいますか。 음료는 뭘로 하시겠습니까?
N5	水(みず) [명]	물	のどが乾(かわ)いてゴクゴク水(みず)を飲(の)みました。 목이 말라서 꿀꺽꿀꺽 물을 마셨습니다.
N4	お湯(ゆ) [명]	뜨거운 물	お湯(ゆ)をお願(ねが)いします。 뜨거운 물을 주세요.
N4	焼(や)く [동]	굽다	父(ちち)は肉(にく)を焼(や)いています。 아버지는 고기를 굽고 있습니다.
N4	沸(わ)かす [동]	끓이다	やかんでお湯(ゆ)を沸(わ)かしてお茶(ちゃ)を入(い)れました。 주전자에 물을 끓여 차를 내었습니다.
N2	揚(あ)げる [동]	튀기다	てんぷらを揚(あ)げました。 튀김요리를 했습니다.
N3	煮(に)る [동]	삶다, 끓이다	お正月(しょうがつ)にはお雑煮(ぞうに)を煮(に)て食(た)べます。 설날에는 떡국을 끓여 먹습니다.

N3			
	蒸す (む) [動]	찌다	野菜が柔らかくなるまで蒸してください。 야채가 부드러워질 때까지 쪄 주세요.

N2			
	炊く (た) [動]	밥을 짓다	ご飯を炊いて、肉を焼きました。 밥을 짓고 고기를 구웠습니다.

N4			
	味 (あじ) [名]	맛	その韓国料理はどんな味がしますか。 그 한국요리는 어떤 맛인가요?

N5			
	おいしい [い形]	맛있다	何かおいしいものが食べたいです。 뭔가 맛있는 것이 먹고 싶습니다.

N4			
	うまい [い形]	맛있다	これ、うまいね。 이거 맛있네.

N5			
	まずい [い形]	맛없다	せっかく作ったのにまずいです。 모처럼 만들었는데 맛이 없습니다.

N5			
	辛い (から) [い形]	맵다	辛い料理は嫌いです。 매운 음식은 싫습니다.

N2	しょっぱい [い형]	짜다	ちょっとしょっぱいですが、おいしいです。 조금 짜지만 맛있습니다.
N5	甘い [い형]	달다	甘いものは何でも好きです。 단 것은 뭐든 좋아합니다.
N4	苦い [い형]	쓰다	口に苦い薬が体にはいいです。 입에 쓴 약이 몸에는 좋습니다.
N2	すっぱい [い형]	시다	すっぱい味がしますね。 신 맛이 나네요.
N3	濃い [い형]	(맛의 농도가) 짙다, 진하다	私は濃いコーヒーが好きです。 나는 진한 커피를 좋아합니다.
N5	薄い [い형]	싱겁다	ちょっと薄くして食べたほうがいいです。 좀 싱겁게 먹는 편이 좋습니다.

UNIT 12
방향과 위치

🎧 MP3를 들어보세요

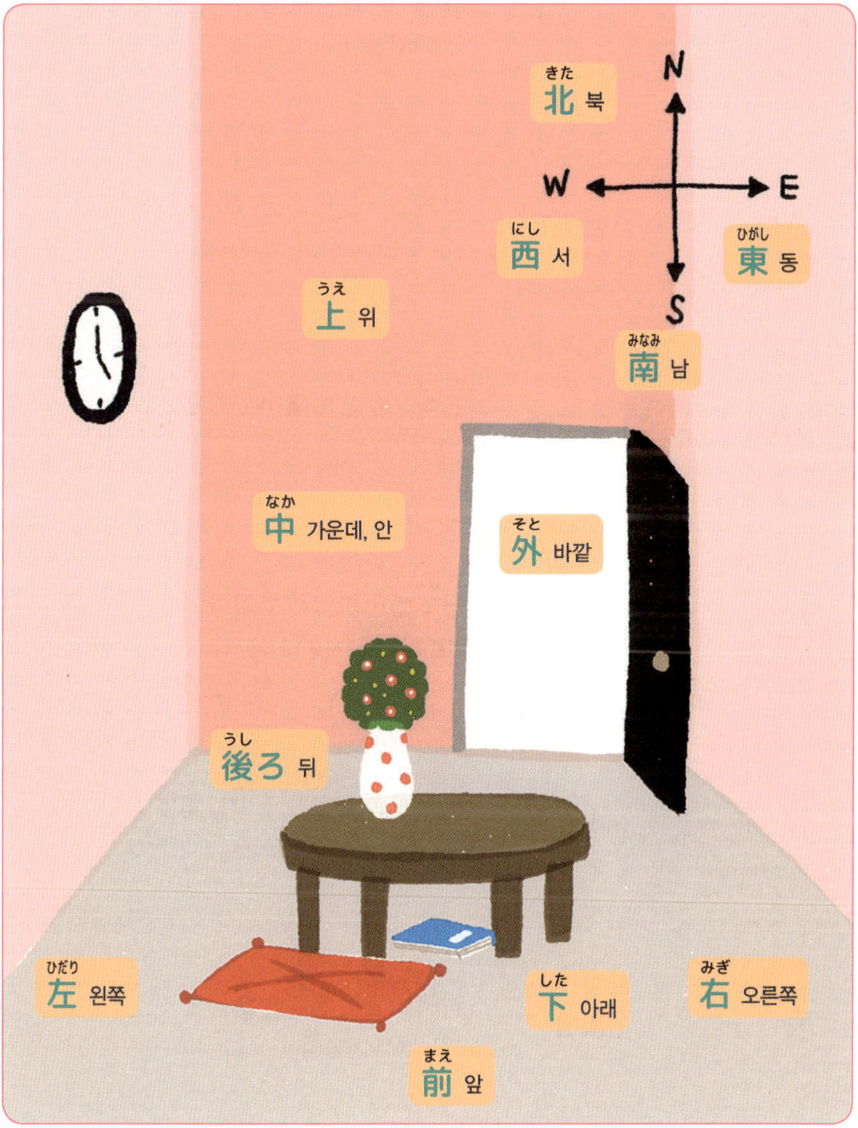

きた
北 북

にし
西 서

ひがし
東 동

みなみ
南 남

うえ
上 위

なか
中 가운데, 안

そと
外 바깥

うし
後ろ 뒤

ひだり
左 왼쪽

した
下 아래

みぎ
右 오른쪽

まえ
前 앞

N5	東西南北（とうざいなんぼく）〔명〕	동서남북	東西南北がどこかぜんぜん分かりません。 동서남북이 어디인지 전혀 모르겠습니다.
N5	となり〔명〕	옆, 이웃	銀行のとなりにコンビニがあります。 은행 옆에 편의점이 있습니다.
N5	そば〔명〕	옆, 바로 옆	財布はテレビのそばにあります。 지갑은 텔레비전 옆에 있습니다.
N5	よこ〔명〕	옆, 가로	名前をよこに書いてください。 이름을 가로로 써 주세요.
N4	たて〔명〕	세로	日本の小説はたて書きです。 일본의 소설은 세로쓰기입니다.
N4	間（あいだ）〔명〕	사이, 거리	机と机の間をもう少し開けてください。 책상과 책상 사이를 조금만 더 벌려 주세요.
N4	表（おもて）〔명〕	겉, 앞	封筒の表に名前を書いてください。 봉투 겉에 이름을 적어 주세요.

N4

裏
うら
[명]

뒷면

紙の裏にメモしておきました。
かみ　うら
종이 뒷면에 메모해 뒀습니다.

N3

中央
ちゅうおう
[명]

중앙

会議室の中央に大きいテーブルがあります。
かいぎしつ　ちゅうおう　おお
회의실 중앙에 커다란 테이블이 있습니다.

N3

正面
しょうめん
[명]

정면

正面に見えるのが富士山です。
しょうめん　み　ふじさん
정면에 보이는 것이 후지산입니다.

N4

向こう
む
[명]

건너, 너머, 저 멀리

その山の向こうに温泉があります。
やま　む　おんせん
저 산 너머에 온천이 있습니다.

N5

まっすぐ
[명]

똑바로

この道をまっすぐ行くと銀行があります。
みち　い　ぎんこう
이 길을 똑바로 가면 은행이 있습니다.

N2

方向
ほうこう
[명]

방향

私と同じ方向ですね。一緒に行きましょうか。
わたし　おな　ほうこう　いっしょ　い
나와 같은 방향이군요. 함께 가실래요?

N3

向き
む
[명]

방면, 방향

いすの向きを変えて座りました。
む　か　すわ
의자의 방향을 바꾸어 앉았습니다.

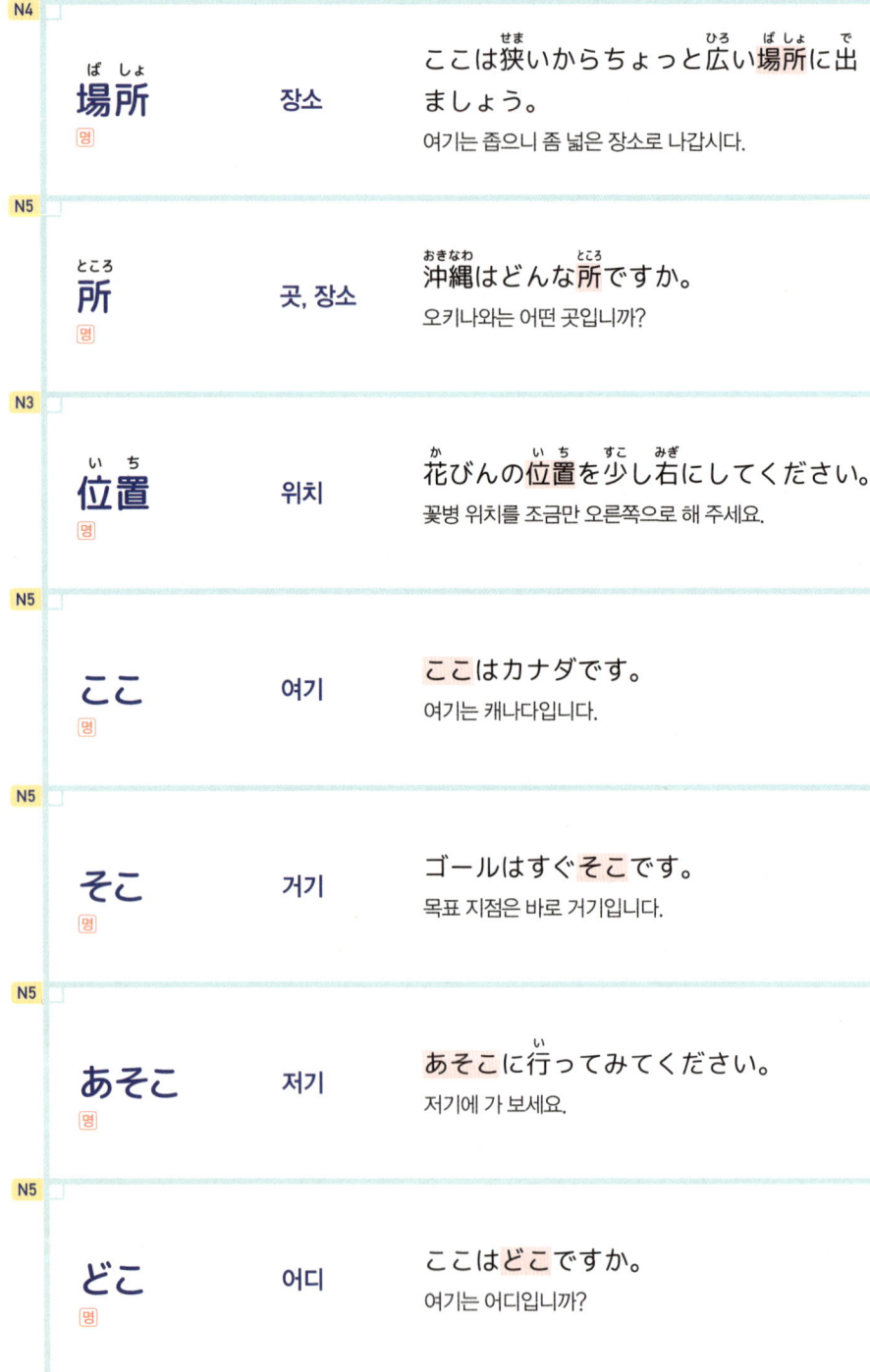

N5

こちら
(=こっち)
명

이쪽, 이 분

トイレは こちら です。
화장실은 이쪽입니다.

こちら は 田中さんです。
이 분은 다나카 씨입니다.

N5

そちら
(=そっち)
명

그쪽, 당신의 높임말

花子さんはさっき そちら に行きました。
하나코 씨는 아까 그쪽으로 갔습니다.

そちら はどう思いますか。
당신은 어떻게 생각하십니까?

N5

あちら
(=あっち)
명

저쪽, 저 분

あちら に行ってください。
저쪽으로 가세요.

あちら はA社の社長です。
저 분은 A사의 사장입니다.

N5			
どちら (＝どっち) [명]	어느 쪽, 어느 분	図書館はどちらですか。 도서관은 어느 쪽입니까? 山田さんはどちらですか。 야마씨는 어느 분입니까?	

N5		
この [명]	이	この本は私のじゃありません。 이 책은 내 것이 아닙니다.

N5		
その [명]	그	その人はイさんの恋人です。 그 사람은 이 씨의 연인입니다.

N5		
あの [명]	저	あのかばんはいくらですか。 저 가방은 얼마입니까?

N5		
どの [명]	어느	どのかさが先生のですか。 어느 우산이 선생님의 것입니까?

N5		
これ [명]	이것	これは高校の時の写真です。 이것을 고등학교 때 사진입니다.

N5			
それ 명	그것	それは何_{なん}ですか。 그것은 무엇입니까?	

N5			
あれ 명	저것	あれは時計_{とけい}です。 저것은 시계입니다.	

N5			
どれ 명	어느 것	先生_{せんせい}のかさはどれですか。 선생님 우산은 어느 것입니까?	

N5			
曲_まがる 동	돌다, 꺾다	そこで左_{ひだり}に曲_まがってください。 거기서 왼쪽으로 꺾으세요.	

N5			
上_あがる 동	올라가다	屋上_{おくじょう}に上_あがって、星_{ほし}を見_みませんか。 옥상에 올라가서 별을 보지 않을래요?	

N5			
登_{のぼ}る 동	올라가다	富士山_{ふじさん}に登_{のぼ}ったことがありますか。 후지산에 올라간 적이 있습니까?	

N4			
下_おりる 동	내려가다	彼女_{かのじょ}が階段_{かいだん}を下_おりて来_きた。 그녀가 계단을 내려 왔다.	

UNIT 13
취미와 여가

🎧 MP3를 들어보세요

どくしょ
読書
독서

やまのぼ
山登り
등산

い ばな
生け花
꽃꽂이

ダンス
춤, 댄스

りょう り
料理
요리

ドライブ
드라이브

ヨガ
요가

あ もの
編み物
뜨개질

い ご
囲碁
바둑

さん ぽ
散歩
산책

つ
釣り
낚시

りょこう
旅行
여행

や きゅう
野球
야구

サッカー
축구

バレーボール
배구

たっきゅう
卓球
탁구

バスケットボール
농구

テニス
테니스

バドミントン
배드민턴

ゴルフ
골프

マラソン
마라톤

スキー
스키

すい えい
水泳
수영

スケート
스케이트

N4

趣味 (しゅみ) 〔명〕
취미

趣味で始めた音楽が仕事になりました。
취미로 시작한 음악이 직업이 되었습니다.

N5

スポーツ 〔명〕
스포츠

スポーツは何が好きですか。
스포츠는 뭘 좋아하세요?

N4

運動 (うんどう) 〔명〕
운동

運動が大好きです。
운동을 아주 좋아합니다.

絵を描く (えをかく)
그림을 그리다

私の趣味は絵を描くことです。
내 취미는 그림을 그리는 것입니다.

音楽を聞く (おんがくをきく)
음악을 듣다

音楽を聞きながらコーヒーを飲みました。
음악을 들으면서 커피를 마셨습니다.

歌を歌う (うたをうたう)
노래를 부르다

映画を見て、カラオケで歌を歌いました。
영화를 보고 노래방에서 노래를 불렀습니다.

N3

芸術 (げいじゅつ) 〔명〕
예술

パリは芸術の街です。
파리는 예술의 도시입니다.

N4

作品 （さくひん） 작품
この**作品**は有名な芸術品です。
이 작품은 유명한 예술품입니다.

N5

映画 （えいが） 영화
今度、**映画**を見に行きましょう。
다음에 영화를 보러 갑시다.

N4

チケット 티켓
映画の**チケット**を2枚買いました。
영화 티켓을 2장 샀습니다.

演奏会 （えんそうかい） 연주회
明日は息子の卒業**演奏会**に行きます。
내일은 아들의 졸업연주회에 갑니다.

音楽会 （おんがくかい） 음악회
音楽会のチケットがありますが、一緒に行きませんか。
음악회 티켓이 있는데 함께 가지 않겠습니까?

展示会 （てんじかい） 전시회
昨日行った**展示会**はあまりおもしろくありませんでした。
어제 갔던 전시회는 그다지 재미가 없었습니다.

N1

観覧 （かんらん） 관람
音楽番組の**観覧**に当選しました。
음악 방송 관람에 당첨되었습니다.

海外旅行（かいがいりょこう）[명]	해외여행	海外旅行（かいがいりょこう）に行（い）ったことが一度（いちど）もありません。 해외여행에 간 적이 한 번도 없습니다.
ホテル [명]	호텔	電話（でんわ）でホテルの予約（よやく）をしておきました。 전화로 호텔 예약을 해 두었습니다.
旅館（りょかん）[명]	(일본 전통 고급) 여관	日本旅行（にほんりょこう）で泊（と）まった旅館（りょかん）はとても素敵（すてき）でした。 일본여행에서 묵었던 여관은 정말 멋졌습니다.
予約（よやく）[명]	예약	飛行機（ひこうき）の予約（よやく）はしておきましたか。 비행기 예약은 해 두었습니까?
キャンセル [명]	취소	ホテルの予約（よやく）をキャンセルしました。 호텔 예약을 취소했습니다.
チェックイン [명]	체크인	チェックイン時間（じかん）は何時（なんじ）ですか。 체크인 시간은 몇 시입니까?
チェックアウト [명]	체크아웃	チェックアウトして空港（くうこう）へ出発（しゅっぱつ）しました。 체크아웃을 하고 공항으로 출발했습니다.

UNIT 14
학교생활

🎧 MP3를 들어보세요

がっこう
学校 학교

せんせい
先生 선생님

がくせい
学生 학생

せいふく
制服 제복, 교복

うんどうじょう
運動場 운동장

N3

ようちえん
幼稚園
명

유치원

黄色いバスに乗って幼稚園に行きます。
노란색 버스를 타고 유치원에 갑니다.

N4

しょうがっこう
小学校
명

초등학교

うちの子は今年小学校に入ります。
우리 애는 올해 초등학교에 들어갑니다.

N4

ちゅうがっこう
中学校
명

중학교

祖父は中学校の校長先生です。
할아버지는 중학교 교장선생님입니다.

N4

こうこう
高校
명

고등학교

私の家の向こう側に高校があります。
우리 집 건너편에 고등학교가 있습니다.

N5

だいがく
大学
명

대학, 대학교

大学で数学を教えています。
대학에서 수학을 가르치고 있습니다.

N2

だいがくいん
大学院
명

대학원

来年大学院を卒業します。
내년에 대학원을 졸업합니다.

N2

しょうがくせい
小学生
명

초등학생

小学生の時毎日ピアノ練習をしました。
초등학생 때 매일 피아노 연습을 했습니다.

N4	ちゅうがくせい 中学生 [명]	중학생	家族みんなで最後に旅行したのは中学生の時です。 가족 모두가 마지막으로 여행한 것은 중학생 때입니다.
N4	こうこうせい 高校生 [명]	고등학생, 고교생	高校生はまだお酒を飲んではいけません。 고등학생은 아직 술을 마시면 안됩니다.
N4	だいがくせい 大学生 [명]	대학생	大学生になりましたが、勉強はしたくありません。 대학생이 되었지만 공부는 하고 싶지 않습니다.
N3	いちねんせい 一年生 [명]	1학년	一年生の時が懐かしいです。 1학년때가 그립습니다.
N5	りゅうがくせい 留学生 [명]	유학생	となりに日本から来た留学生が住んでいます。 이웃에 일본에서 온 유학생이 삽니다.
N4	にゅうがく 入学 [명]	입학	来年、大学に入学します。 내년에 대학에 입학합니다.
N4	にゅうがくしき 入学式 [명]	입학식	日本の入学式は4月です。 일본의 입학식은 4월입니다.

N4	そつぎょう **卒業** 명	졸업	せんげつ こうこう そつぎょう 先月、高校を**卒業**しました。 지난 달 고등학교를 졸업했습니다.
N3	そつぎょうしき **卒業式** 명	졸업식	あした こうこう そつぎょうしき 明日は高校の**卒業式**です。 내일은 고등학교 졸업식입니다.
N1	てんこう **転校** 명	전학	わたし エーがっこう てんこう 私はＡ学校から**転校**してきました。 저는 A학교에서 전학왔습니다.
N5	**クラス** 명	클래스, 학급, 반	なか だれ いちばんうた じょうず **クラス**の中で誰が一番歌が上手ですか。 반에서 누가 제일 노래를 잘 합니까?
N3	**クラスメート** 명	반 친구	よしだくん こちらは**クラスメート**の吉田君です。 이쪽은 반 친구인 요시다 군입니다.
N4	じゅぎょう **授業** 명	수업	えいご じゅぎょう ごごさんじ 英語の**授業**は午後3時からです。 영어 수업은 오후 3시부터입니다.
N5	べんきょう **勉強** 명	공부	べんきょう **勉強**はおもしろくありません。 공부는 재미가 없습니다.

N5

宿題(しゅくだい) 〔名〕 | 숙제 | 家(いえ)に帰(かえ)ってすぐ宿題(しゅくだい)をします。
집에 돌아와서 바로 숙제를 합니다.

N4

レポート 〔名〕 | 리포트 | 明日(あした)午後(ごご)5時(ごじ)までにレポートを出(だ)してください。
내일 오후 5시까지 리포트를 제출하세요.

N4

試験(しけん) 〔名〕 | 시험 | 図書館(としょかん)で一日中(いちにちじゅう)試験勉強(しけんべんきょう)をしました。
도서관에서 하루종일 시험공부를 했습니다.

N3

合格(ごうかく) 〔名〕 | 합격 | 大学(だいがく)に合格(ごうかく)してとてもうれしいです。
대학에 합격해서 무척 기쁩니다.

N5

テスト 〔名〕 | 시험, 테스트 | 山田先生(やまだせんせい)のテストは難(むずか)しいです。
야마다 선생님의 시험은 어렵습니다.

N3

成績(せいせき) 〔名〕 | 성적 | 成績(せいせき)が上(あ)がりました。
성적이 올랐습니다.

N3

時間割り(じかんわり) 〔名〕 | 시간표 | 授業(じゅぎょう)の時間割(じかんわ)りを作(つく)りました。
수업 시간표를 만들었습니다.

UNIT 14

133

N4

出席（しゅっせき）
명

출석

風邪（かぜ）を引きましたが、出席（しゅっせき）しました。
감기에 걸렸지만 출석했습니다.

N4

欠席（けっせき）
명

결석

木村君（きむらくん）は病気（びょうき）で今日（きょう）も欠席（けっせき）です。
기무라 군은 아파서 오늘도 결석입니다.

N5

夏休（なつやす）み
명

여름방학

夏休（なつやす）みにハワイに遊（あそ）びに行（い）くつもりです。
여름 방학에 하와이로 놀러갈 겁니다.

冬休（ふゆやす）み
명

겨울방학

今年（ことし）は冬休（ふゆやす）みが短（みじか）いです。
올해는 겨울방학이 짧습니다.

N3

科目（かもく）
명

과목

何（なん）の科目（かもく）が好（す）きですか。
무슨 과목을 좋아합니까?

N3

国語（こくご）
명

국어

学生（がくせい）の時（とき）、国語（こくご）の時間（じかん）が一番（いちばん）楽（たの）しかったです。
학창시절 때 국어 시간이 가장 즐거웠습니다.

N4

数学（すうがく）
명

수학

中学（ちゅうがく）の数学（すうがく）はやさしいです。
중학 수학은 쉽습니다.

N5

英語 えいご
명

영어

今日 きょう から英語 えいご で日記 にっき を書 か いてみてください。
오늘부터 영어로 일기를 써 보세요.

N4

科学 かがく
명

과학

高校 こうこう の時 とき 、科学 かがく の成績 せいせき が一番 いちばん よかったです。
고교 시절 과학 성적이 가장 좋았습니다.

N5

音楽 おんがく
명

음악

音楽 おんがく の時間 じかん は楽 たの しいです。
음악시간은 즐겁습니다.

N3

美術 びじゅつ
명

미술

美術 びじゅつ の時間 じかん に油絵 あぶらえ を描 か きました。
미술시간에 유화를 그렸습니다.

N3

体育 たいいく
명

체육

体育 たいいく の時間 じかん が減 へ って残念 ざんねん です。
체육시간이 줄어 유감입니다.

N5

教室 きょうしつ
명

교실

教室 きょうしつ の掃除 そうじ をしました。
교실 청소를 했습니다.

N5

図書館 としょかん
명

도서관

図書館 としょかん で本 ほん を読 よ んだり、勉強 べんきょう をしたりします。
도서관에서 책을 읽기도 하고 공부를 하기도 합니다.

N4	たいいくかん **体育館** 명	체육관	がくせい　　　　　いま　たいいくかん　あつ 学生たちは今、体育館に集まっています。 학생들은 지금 체육관에 모여 있습니다.
N2	ろうか **廊下** 명	복도	じゅぎょうちゅう　　　　　　ろうか　はし 授業中ですから、廊下を走ってはいけません。 수업 중이니 복도를 뛰면 안 됩니다.
N3	りょう **寮** 명	기숙사	がっこう　りょう うちの学校は寮がありません。 우리 학교는 기숙사가 없습니다.
	ぶんぼうぐ **文房具** 명	문구, 문방구	ひ　だ　なか　ぶんぼうぐ　　　　　　はい 引き出しの中に文房具がたくさん入っています。 서랍 안에 문구가 많이 들어 있습니다.

文化祭 (ぶんかさい) 【명】
문화제, 학교 축제

学校の文化祭に友達を招待しました。
학교 문화제에 친구를 초대했습니다.

部活 (ぶかつ) 【명】
특별활동, 동아리 활동

高校の時、部活で演劇をしました。
고등학교 때 동아리 활동으로 연극을 했습니다.

体育大会 (たいいくたいかい) 【명】
체육대회

昨年、学校の代表として体育大会に参加しました。
작년에 학교 대표로 체육대회에 참가했습니다.

運動会 (うんどうかい) 【명】
운동회

明日運動会が開かれます。
내일 운동회가 열립니다.

UNIT 15
직업과 일터

 MP3를 들어보세요

きょうし
教師
교사

かがくしゃ
科学者
과학자

シェフ
요리사

いしゃ
医者
의사

かんごし
看護師
간호사

けいさつかん
警察官
경찰관

ぐんじん
軍人
군인

しょうぼうし
消防士
소방관

うんてんしゅ
運転手
운전사

がか
画家
화가

ピアニスト
피아니스트

びようし
美容師
미용사

かしゅ
歌手
가수

アナウンサー
아나운서

カメラマン
카메라맨, 사진작가

デザイナー
디자이너

N5			
	仕事(しごと)〔名〕	일, 직업	仕事(しごと)が大変(たいへん)でいつも疲(つか)れています。 일이 힘들어서 늘 피곤합니다.

N3			
	職業(しょくぎょう)〔名〕	직업	職業(しょくぎょう)は何(なに)か聞(き)いてもいいですか。 직업이 뭔지 물어봐도 되나요?

N5			
	会社員(かいしゃいん)〔名〕	회사원	私(わたし)は会社員(かいしゃいん)です。 나는 회사원입니다.

N3			
	サラリーマン〔名〕	샐러리맨, 월급쟁이	その人(ひと)はサラリーマンです。 그 사람은 샐러리맨입니다.

N4			
	公務員(こうむいん)〔名〕	공무원	こちらは田中(たなか)さんで、公務員(こうむいん)です。 이 분은 다나카 씨, 공무원입니다.

N3			
	弁護士(べんごし)〔名〕	변호사	将来(しょうらい)、弁護士(べんごし)になりたいです。 장래에 변호사가 되고 싶습니다.

N3			
	教授(きょうじゅ)〔名〕	교수	ジウさんはK大学(だいがく)で最年少(さいねんしょう)の教授(きょうじゅ)です。 지우 씨는 K대학교에서 최연소 교수입니다.

N3

作家 (さっか) — 작가 [명]

作家になりたくて、大学で文学の勉強をしています。
작가가 되고 싶어서 대학에서 문학 공부를 하고 있습니다.

小説家 (しょうせつか) — 소설가 [명]

村上春樹は有名な日本の小説家です。
무라카미 하루키는 유명한 일본의 소설가입니다.

N2

俳優 (はいゆう) — 배우 [명]

彼はまるで映画俳優のようにハンサムです。
그는 마치 영화배우처럼 잘생겼습니다.

スポーツ選手 (せんしゅ) — 스포츠 선수 [명]

好きなスポーツ選手がいますか。
좋아하는 스포츠 선수가 있습니까?

銀行員 (ぎんこういん) — 은행원 [명]

姉は銀行員です。
언니/누나는 은행원입니다.

N3

主婦 (しゅふ) — 주부 [명]

母は会社員じゃありません。主婦です。
엄마는 회사원이 아닙니다. 주부입니다.

N4

記者 (きしゃ) — 기자 [명]

新聞社に入って記者になりたいです。
신문사에 들어가 기자가 되고 싶습니다.

N3
職場（しょくば）【名】 — 직장
あそこは父の職場です。
저기는 우리 아빠 직장입니다.

N3
バイト / アルバイト【名】 — 아르바이트
コンビニでアルバイトをしています。
편의점에서 아르바이트를 하고 있습니다.

N1
経歴（けいれき）【名】 — 경력
簡単に経歴を書いて送ってください。
간단히 경력을 써서 보내 주세요.

N3
履歴書（りれきしょ）【名】 — 이력서
就職のために履歴書を書きました。
취직을 위해 이력서를 썼습니다.

N3
面接（めんせつ）【名】 — 면접
来週の月曜日、面接があります。
다음 주 월요일에 면접이 있습니다.

N3
就職（しゅうしょく）【名】 — 취직
4年ぶりにやっと就職できました。
4년만에 겨우 취직했습니다.

N4
入社（にゅうしゃ）【名】 — 입사
新しく入社した人です。
새로 입사한 사람입니다.

N3

| 出勤（しゅっきん）[명] | 출근 | 毎日車で出勤します。
매일 자동차로 출근합니다. |

| 退社（たいしゃ）[명] | 퇴근 | 何時に退社しますか。
몇 시에 퇴근합니까? |

N4

| 会議（かいぎ）[명] | 회의 | 午後の会議には社長も参加します。
오후 회의에는 사장님도 참가하십니다. |

N2

| 企業（きぎょう）[명] | 기업 | その会社は世界的な企業に成長しました。
그 회사는 세계적인 기업으로 성장했습니다. |

| 大企業（だいきぎょう）[명] | 대기업 | あの人は大企業の社長です。
저 사람은 대기업 사장입니다. |

| 中小企業（ちゅうしょうきぎょう）[명] | 중소기업 | 中小企業に入社しました。
중소기업에 입사했습니다. |

N3

| 経営（けいえい）[명] | 경영 | ホテルを経営しています。
호텔을 경영하고 있습니다. |

N4

営業 (えいぎょう) [명]
영업

平日は午後６時まで営業しています。
평일에는 오후 6시까지 영업하고 있습니다.

N1

業務 (ぎょうむ) [명]
업무

最近業務が多くて大変です。
요새 업무가 많아 힘듭니다.

N3

書類 (しょるい) [명]
서류

昨日作った書類がなくなりました。
어제 만든 서류가 없어졌습니다.

N3

ファックス [명]
팩스

メールやファックスでお願いします。
메일이나 팩스로 부탁드립니다.

プリンター [명]
프린터

プリンターが壊れています。
프린터가 고장났습니다.

N4

留守 (るす) [명]
부재 중

部長が留守の時、電話がかかってきました。
부장님이 부재 중이실 때 전화가 걸려 왔습니다.

N3

外出 (がいしゅつ) [명]
외출

すみませんが、部長は今、外出しておりますが。
죄송합니다만, 부장님은 지금 외출하셨는데요.

N3			
出張(しゅっちょう) 〈명〉	출장	明日(あした)から３ヶ月間(さんかげつかん)日本(にほん)に出張(しゅっちょう)に行(い)きます。	
		내일부터 3개월간 일본에 출장갑니다.	

N3			
給料(きゅうりょう) 〈명〉	급료	給料(きゅうりょう)を貯(た)めて新(あたら)しい車(くるま)を買(か)いました。	
		급료를 모아서 새 차를 샀습니다.	

N2			
時給(じきゅう) 〈명〉	시급	給料(きゅうりょう)は時給(じきゅう)でもらっています。	
		급료는 시급으로 받고 있습니다.	

N3			
ボーナス 〈명〉	보너스	ひさしぶりにボーナスをもらってうれしいです。	
		오랜만에 보너스를 받아 기쁩니다.	

N3			
退職(たいしょく) 〈명〉	퇴사, 퇴직	彼(かれ)は個人的(こじんてき)な都合(つごう)で退職(たいしょく)しました。	
		그는 개인적인 사정으로 퇴직했습니다.	

N1			
転職(てんしょく) 〈명〉	이직, 전직	彼女(かのじょ)は転職(てんしょく)を希望(きぼう)しています。	
		그녀는 전직을 희망하고 있습니다.	

電話(でんわ)をかける	전화를 걸다	契約(けいやく)の件(けん)で、取引先(とりひきさき)に電話(でんわ)をかけました。	
		계약 건으로 거래처에 전화를 걸었습니다.	

電話（でんわ）に出（で）る	전화를 받다	何度（なんど）もかけましたが電話（でんわ）に出（で）ません。 몇 번이고 걸었지만 전화를 받지 않습니다.
働（はたら）く [동]	일하다	病院（びょういん）で働（はたら）いています。 병원에서 일합니다.
勤（つと）める [동]	근무하다	いろは銀行（ぎんこう）に勤（つと）めています。 いろは은행에서 근무하고 있습니다.
勤務（きんむ）する [동]	근무하다	主人（しゅじん）はＡ社（エーしゃ）に勤務（きんむ）しています。 남편은 A사에 근무하고 있습니다.
残業（ざんぎょう）する [동]	잔업하다, 야근하다	今夜（こんや）は残業（ざんぎょう）しなければなりません。 오늘 밤은 야근을 해야만 합니다.

UNIT 16
교통수단과 이동

🎧 MP3를 들어보세요

じてんしゃ
自転車
자전거

バイク
오토바이

じどうしゃ
自動車
자동차

トラック
트럭

バス
버스

でんしゃ
電車
전차, 전철

タクシー
택시

ひこうき
飛行機
비행기

ふね
船
배

きしゃ
汽車
기차

ヘリコプター
헬리콥터

ロケット
로켓

N4	こうつう **交通** 名	교통	ソウルと東京とどちらが交通が便利ですか。 서울과 도쿄 중 어느 쪽이 교통이 편리합니까?
N5	の **乗る** 동	타다	旅客船に乗って沖縄まで行きました。 여객선을 타고 오키나와까지 갔습니다.
N5	お **降りる** 동	내리다	すみません。降ります。 실례합니다. 내릴게요.
N3	**ペダル** 명	페달	自転車のペダルをこぎました。 자전거 페달을 밟았습니다
	タイヤ 명	타이어	タイヤに空気を入れました。 타이어에 공기를 넣었습니다.
N5	くるま **車** 명	차, 자동차	父は大きくて黒い車を買いました。 아빠는 크고 검은 자동차를 샀습니다.
N3	**ブレーキ** 명	브레이크	車のブレーキが利きません。 자동차 브레이크가 잘 안 듣습니다.

N4

うんてん
運転　　운전
명

わたし　　　　うんてん　へた
私はまだ**運転**が下手です。
저는 아직 운전이 서툽니다.

シートベルト　안전벨트
명

くるま　の　　　　かなら
車に乗ったら必ず**シートベルト**を締め
てください。
자동차를 타면 꼭 안전벨트를 매세요.

N3

うん　てん　めん　きょ
運転免許　운전면허
명

だいがくせい　とき　うんてんめんきょ　と
大学生の時、**運転免許**を取りました。
대학생 때 운전면허를 땄습니다.

N3

うん　てん　めん　きょ しょう
運転免許証　운전면허증
명

うんてんめんきょしょう　いえ　わす　　き
運転免許証を家に忘れて来ました。
운전면허증을 집에 두고 왔습니다.

N4

ちゅうしゃじょう
駐車場　주차장
명

ちゅうしゃじょう　まんしゃ　　　と
駐車場は満車で、止めるところがあり
ません。
주차장은 만차라 세울 곳이 없습니다.

N3

りょう　きん
料金　요금
명

にほん　こうきょうこうつう きかん　りょうきん　たか
日本は公共交通機関の**料金**が高いです。
일본은 대중교통기관의 요금이 비쌉니다.

し　ない
市内バス　시내버스
명

　　　　　　い　　　　し ない　　　　　　べん り
そこへ行くには**市内バス**が便利です。
거기에 가려면 시내버스가 편리합니다.

観光バス かんこう [명]	관광버스	観光バスに乗ってシティーツアーをしました。 관광버스를 타고 시내관광을 했습니다.
高速バス こうそく [명]	고속버스	プサンまで高速バスに乗って行きました。 부산까지 고속버스를 타고 갔습니다.
バス停 てい [명]	버스정류장	次のバス停で降りてください。 다음 버스정류장에서 내리세요.
～発 はつ [명]	～발	彼女は午後2時、東京発大阪行きの電車に乗りました。 그녀는 오후 2시에 도쿄발 오사카행 전철을 탔습니다.
～行き ゆ *いきろも 읽음 [명]	～행	京都行きの電車はどこで乗りますか。 교토행 전차는 어디서 탑니까?
行き先 ゆ さき *いきさきろも 읽음 [명]	행선지, 목적지	行き先は決めましたか。 목적지는 정했습니까?
地下鉄 ちかてつ [명]	지하철	道が込んでいるので、地下鉄で行きます。 길이 막히니 지하철로 가겠습니다.

N5

切符 (きっぷ)
명

표, 티켓

切符を買って来るので、待っていてください。
표를 사 올 테니 기다려 주세요.

N4

切符売り場 (きっぷうりば)
명

매표소

あそこに切符売り場があります。
저쪽에 매표소가 있습니다.

N4

乗り換え (のりかえ)
명

환승

ホンデ駅で2号線にお乗り換えください。
홍대에서 2호선으로 갈아타세요.

N3

改札口 (かいさつぐち)
명

개찰구

イデ駅の改札口で会いましょう。
이대 역 개찰구에서 만납시다.

N4

列車 (れっしゃ)
명

열차

まもなく列車がまいります。
곧 열차가 도착합니다.

N3

鉄道 (てつどう)
명

철도

大雨で、鉄道は利用できません。
큰 비로 철도는 이용할 수 없습니다.

N3

新幹線 (しんかんせん)
명

신칸센

日本に行ったら新幹線に乗ってみたいです。
일본에 가면 신칸센을 타 보고 싶습니다.

駅弁(えきべん) 명	기차역 도시락	鉄道旅行(てつどうりょこう)の一番(いちばん)の楽(たの)しみは駅弁(えきべん)です。 철도여행의 가장 큰 즐거움은 기차역 도시락입니다.
空港(くうこう) 명	공항	空港(くうこう)まで何分(なんぷん)ぐらいかかりますか。 공항까지 몇분정도 걸립니까?
国内線(こくないせん) 명	국내선	国内線(こくないせん)に乗(の)ってチェジュドに行(い)きました。 국내선을 타고 제주도로 갔습니다.
国際線(こくさいせん) 명	국제선	この道(みち)をまっすぐ行(い)くと国際線(こくさいせん)ターミナルです。 이 길을 쭉 가면 국제선터미널입니다.
搭乗(とうじょう) 명	탑승	いよいよ搭乗(とうじょう)時間(じかん)になりました。 드디어 탑승 시간이 되었습니다.
搭乗口(とうじょうぐち) 명	탑승구	彼(かれ)は搭乗口(とうじょうぐち)の前(まえ)で待(ま)っていました。 그는 탑승구 앞에서 기다리고 있었습니다.
搭乗券(とうじょうけん) 명	탑승권	搭乗券(とうじょうけん)を持(も)っていますか。 탑승권을 가지고 있습니까?

N4

N1	離陸（りりく） 명	이륙	ただいま飛行機（ひこうき）が成田空港（なりたくうこう）を離陸（りりく）しました。 지금 막 비행기가 나리타 공항을 이륙했습니다.
N1	着陸（ちゃくりく） 명	착륙	山田（やまだ）さんのヘリは着陸（ちゃくりく）に成功（せいこう）しました。 야마다 씨의 헬리콥터는 착륙에 성공했습니다.
N3	到着（とうちゃく） 명	도착	飛行機（ひこうき）はいつ到着（とうちゃく）しますか。 비행기는 언제 도착합니까?
N2	手続き（てつづき） 명	수속	入国手続き（にゅうこくてつづき）をしました。 입국 수속을 밟았습니다.
N3	パスポート 명	여권	パスポートを申（もう）し込（こ）みに来（き）ました。 여권을 신청하러 왔습니다.
	入国カード（にゅうこくカード） 명	입국카드	入国カード（にゅうこくカード）を作成（さくせい）してください。 입국카드를 작성해 주세요.
N4	港（みなと） 명	항구	船（ふね）が港（みなと）に着（つ）きました。 배가 항구에 닿았습니다.

旅客船 여객선
명

りょかくせん の せかいりょこう い
旅客船に乗って世界旅行に行きたいです。
여객선을 타고 세계여행을 가고 싶습니다.

UNIT 17
도시와 거리

MP3를 들어보세요

N5	町(まち) [명]	거리, 길거리	夜(よる)の町(まち)を一人(ひとり)で歩(ある)きました。 밤거리를 혼자서 걸었습니다.
N5	道(みち) [명]	길	道(みち)が混(こ)んでいます。 길이 붐빕니다.
N4	通(とお)り [명]	길	通(とお)りが静(しず)かです。 길이 조용합니다.
N3	大通(おおどお)り [명]	큰길, 대로	家(いえ)の前(まえ)に大通(おおどお)りがあります。 집 앞에 큰길이 있습니다.
N3	道路(どうろ) [명]	도로	車(くるま)が道路(どうろ)を走(はし)っています。 자동차가 도로를 달립니다.
N4	横断歩道(おうだんほどう) [명]	횡단보도	横断歩道(おうだんほどう)を渡(わた)ってまっすぐ行(い)くとバス停(てい)があります。 횡단보도를 건너 쭉 가면 버스정류장이 있습니다.
N3	歩道橋(ほどうきょう) [명]	육교	毎日(まいにち)歩道橋(ほどうきょう)を渡(わた)って図書館(としょかん)に通(かよ)っています。 매일 육교를 건너서 도서관에 다니고 있습니다.

N3	ちかどう **地下道** 명	지하도	ちかどう でぐち わ 地下道の出口が分かりません。 지하도의 출구를 모르겠습니다.
N3	こうそくどうろ **高速道路** 명	고속도로	あたら こうそくどうろ かいつう 新しい高速道路が開通しました。 새로운 고속도로가 개통되었습니다.
N3	ちかみち **近道** 명	지름길	ちかみち とお がっこう い 近道を通って学校へ行きます。 지름길을 통해서 학교에 갑니다.
N3	**トンネル** 명	터널	なが このトンネルの長さはどのくらいですか。 이 터널의 길이는 얼마나 됩니까?
N4	ふ き **踏み切り** 명	건널목	くるま ふ き まえ と 車を踏み切りの前で止めました。 자동차를 건널목 앞에서 세웠습니다.
N2	こうさてん **交差点** 명	교차점, 교차로	つぎ こうさてん い 次の交差点まで行ってください。 다음 교차로까지 가 주세요.
	じゅうたい **渋滞** 명	정체, 밀림	じ こ みち じゅうたい 事故で道が渋滞しています。 사고로 도로가 정체되고 있습니다.

N4

| 渡る (わたる) 〈동〉 | 건너다 | 次の信号で渡ってください。
다음 신호에서 건너세요. |

| 赤信号 (あかしんごう) 〈명〉 | 빨간 신호등 | 赤信号の時、横断歩道を渡ってはいけません。
빨간 신호등이 켜졌을 때 횡단보도를 건너면 안됩니다. |

| 青信号 (あおしんごう) 〈명〉 | 파란 신호등 | 踏み切りの前で、青信号に変わるのを待ちました。
건널목 앞에서 파란 신호등으로 바뀌기를 기다렸습니다. |

N5

| 建物 (たてもの) 〈명〉 | 건물 | これは韓国式の建物じゃありません。
이건 한국식 건물이 아닙니다. |

| 高層ビル (こうそう) 〈명〉 | 고층빌딩 | 高層ビルが並んでいます。
고층빌딩이 늘어서 있습니다. |

N3

| 郵便 (ゆうびん) 〈명〉 | 우편 | 手紙を郵便で送りました。
편지를 우편으로 보냈습니다. |

N4

| 住所 (じゅうしょ) 〈명〉 | 주소 | 小包を送るので、住所を教えてください。
소포를 부칠 테니 주소를 알려주세요. |

| N4 | く やく しょ
区役所
명 | 구청 | く やくしょ の き
区役所までタクシーに乗って来ました。
구청까지 택시를 타고 왔습니다. |

| N4 | し やく しょ
市役所
명 | 시청 | し やくしょ ある い
ここから**市役所**まで歩いて行けますか。
여기서 시청까지 걸어서 갈 수 있습니까? |

| N4 | ゆう びん きょく
郵便局
명 | 우체국 | かえ みち ゆうびんきょく よ こ づつみ おく
帰り道に**郵便局**に寄って小包を送りました。
귀갓길에 우체국에 들러 소포를 부쳤습니다. |

| N2 | ゆう えん ち
遊園地
명 | 유원지 | てん き ゆうえん ち あそ
天気がいいですね。**遊園地**にでも遊びに行きませんか。
날씨가 좋네요. 유원지에라도 놀러 갈까요? |

| N3 | はく ぶつ かん
博物館
명 | 박물관 | ゆうえん ち ちか はくぶつかん
遊園地の近くに**博物館**があります。
유원지 가까이에 박물관이 있습니다. |

| N4 | び じゅつ かん
美術館
명 | 미술관 | びじゅつかん え み す
美術館で絵を見るのが好きです。
미술관에서 그림을 보는 것을 좋아합니다. |

| N4 | どう ぶつ えん
動物園
명 | 동물원 | どうぶつえん ぞう
動物園には象、キリン、ライオンなどがいます。
동물원에는 코끼리, 기린, 사자 등이 있습니다. |

クリーニング屋（や） ［명］	세탁소	家（いえ）の近（ちか）くに新（あたら）しい**クリーニング屋**（や）ができました。 집 근처에 새로운 세탁소가 생겼습니다.
N4		
本屋（ほんや） ［명］	책방, 서점	先週（せんしゅう）の日曜日（にちようび）、**本屋**（ほんや）で本（ほん）を買（か）いました。 지난주 일요일 서점에서 책을 샀습니다.
N4		
花屋（はなや） ［명］	꽃가게	会社（かいしゃ）の近所（きんじょ）の**花屋**（はなや）によく行（い）きます。 회사 근처 꽃집에 자주 갑니다.
果物屋（くだものや） ［명］	과일가게	**果物屋**（くだものや）でりんごとすいかなどを買（か）いました。 과일가게에서 사과나 수박 등을 샀습니다.
N4		
魚屋（さかなや） ［명］	생선가게	**魚屋**（さかなや）でサバを買（か）ってきました。 생선가게에서 고등어를 사 왔습니다.
N5		
やお屋（や） ［명］	채소가게	**やお屋**（や）に行（い）ってカボチャとホウレン草（そう）を買（か）ってきて。 채소가게에 가서 단호박이랑 시금치를 사다 줘.
薬屋/薬局（くすりや／やっきょく） ［명］	약국	銀行（ぎんこう）のよこに**薬屋**（くすりや）があります。 은행 옆에 약국이 있습니다.

N5	デパート [名]	백화점	この**デパート**の定休日は月曜日です。 이 백화점의 정기휴일은 월요일입니다.
N4	ガソリン スタンド [名]	주유소	ガソリンが切れてしまいましたね。**ガソリンスタンド**に寄って行きましょう。 기름이 떨어졌네요. 주유소에 들렀다 갑시다.
N4	映画館 [名]	영화관	午後5時に**映画館**の前で会いましょうか。 오후 5시에 영화관 앞에서 만날까요?
N4	パン屋 [名]	빵집	私は午前中は**パン屋**でアルバイトをしています。 나는 오전 중에는 빵집에서 아르바이트를 합니다.
N4	100円 ショップ [名]	100엔샵	このスカーフは大通りの**100円ショップ**で買いました。 이 스카프는 큰길에 있는 100엔샵에서 샀습니다.
N2	看板 [名]	간판	お店の入り口に**看板**が掛かっています。 가게 입구에 간판이 걸려 있습니다.

UNIT 18
사건과 사고

🎧 MP3를 들어보세요

どろぼう
도둑

すり
소매치기

ほう か
放火
방화

ぼう こう
暴行
폭행

ひとごろ
人殺し
살인

こうつう じ こ
交通事故
교통사고

ほうかい
崩壊
붕괴

し ぼう
死亡
사망

N2			
	犯罪（はんざい）[명]	범죄	彼（かれ）は詐欺（さぎ）などの犯罪（はんざい）を犯（おか）して逮捕（たいほ）されました。 그는 사기 등의 범죄를 저질러 체포되었습니다.

N2			
	罪（つみ）[명]	죄	あの人（ひと）には罪（つみ）がありません。 그 사람에게는 죄가 없습니다.

N3			
	犯人（はんにん）[명]	범인	犯人（はんにん）はこの中（なか）にいます。 범인은 이 안에 있습니다.

N3			
	逮捕（たいほ）[명]	체포	犯人（はんにん）が逮捕（たいほ）されました。 범인이 체포되었습니다.

| | 罰金（ばっきん）[명] | 벌금 | 交通違反（こうつういはん）で罰金（ばっきん）を払（はら）いました。
교통 위반으로 벌금을 물었습니다. |

N3			
	警察官（けいさつかん）[명]	경찰관	警察官（けいさつかん）が現場（げんば）で犯人（はんにん）を逮捕（たいほ）しました。 경찰관이 현장에서 범인을 체포했습니다.

| | お巡（まわ）りさん[명] | 순경, 경찰관 | お巡（まわ）りさんに助（たす）けてもらいました。
순경아저씨가 도와줬습니다. |

N5

交番 (こうばん) 〔명〕
파출소

交番の前に記者が集まっています。
파출소 앞에 기자가 모여 있습니다.

N1

詐欺 (さぎ) 〔명〕
사기

詐欺に注意してください。
사기에 주의하세요.

N2

暴力 (ぼうりょく) 〔명〕
폭력

学校で暴力の予防教育が行われました。
학교에서 폭력 예방 교육이 이루어졌습니다.

N3

殺人 (さつじん) 〔명〕
살인

殺人をしてはいけません。
살인을 하면 안 됩니다.

N1

誘拐 (ゆうかい) 〔명〕
유괴

子供を誘拐した犯人が逮捕されました。
어린이를 유괴한 범인이 체포되었습니다.

拉致 (らち) 〔명〕
납치

昨日ニュースに出た拉致事件は誤報だったそうです。
어제 뉴스에 나온 납치사건은 오보였다고 합니다.

N4

事故 (じこ) 〔명〕
사고

大通りで事故があって遅れました。
큰길에서 사고가 있어서 늦었습니다.

N1	行方不明(ゆくえふめい) 〈명〉	행방불명	彼は長い間行方不明です。 그는 오랜 기간 행방불명입니다.
	けが人(にん) 〈명〉	부상자	交通事故でけが人が出ました。 교통사고로 부상자가 나왔습니다.
	惨事(さんじ) 〈명〉	참사	３００人も亡くなった大変な惨事がありました。 300명이나 사망한 참혹한 참사가 있었습니다.
N2	１１０番(ひゃくとおばん) 〈명〉	110번(긴급 경찰 호출 번호)	緊急時、１１０番に電話をかけてください。 위급 시에는 110번으로 전화하세요.
	消火(しょうか) 〈명〉	소화, 불을 끔	消火に１時間もかかりました。 불을 끄는 데 1시간이나 걸렸습니다.
	消火器(しょうかき) 〈명〉	소화기	ロビーの片隅に消火器が置いてあります。 로비 한 구석에 소화기가 놓여 있습니다.
	消防士(しょうぼうし) 〈명〉	소방관	火事のビルの中に消防士が入りました。 화재가 난 건물 안으로 소방관이 들어갔습니다.

N3

消防署 （しょうぼうしょ） 【명】 — 소방서
父親は消防署に勤めています。
아버지는 소방서에 근무합니다.

消防車 （しょうぼうしゃ） 【명】 — 소방차
消防車がサイレンを鳴らしながら走っています。
소방차가 사이렌을 울리면서 달리고 있습니다.

救急車 （きゅうきゅうしゃ） 【명】 — 구급차
早く救急車を呼んでください。
빨리 구급차를 불러 주세요.

はしご車 （はしごしゃ） 【명】 — 사다리차
消防士がはしご車の上から水をかけました。
소방관이 사다리 차 위에서 물을 뿌렸습니다.

N4

盗む （ぬすむ） 【동】 — 훔치다
泥棒が指輪を盗んで逃げ出しました。
도둑이 반지를 훔쳐 달아났습니다.

N3

だます 【동】 — 속이다
純粋な人をだましてはいけません。
순진한 사람을 속여서는 안됩니다.

N1

犯す （おかす） 【동】 — (죄를) 범하다
反則を犯して失格になりました。
반칙을 범하여 실격이 되었습니다.

N4

捕まえる
つか
동

붙잡다, 체포하다

勇敢な市民が犯人を捕まえました。
ゆうかん　しみん　はんにん　つか

용감한 시민이 범인을 붙잡았습니다.

N4

調べる
しら
동

조사하다

警察官が犯罪の現場を調べています。
けいさつかん　はんざい　げんば　しら

경찰관이 범죄 현장을 조사하고 있습니다.

N1

応急手当
おうきゅうてあて
명

응급처치

救急車が到着する前、応急手当をしました。
きゅうきゅうしゃ　とうちゃく　まえ　おうきゅうてあて

구급차가 도착하기 전에 응급처치를 했습니다.

UNIT 19
재난과 재해

MP3를 들어보세요

じしん
地震
지진

つなみ
津波
해일

たいふう
台風
태풍

こうずい
洪水
홍수

おおあめ
大雨
폭우, 호우

おおゆき
大雪
큰 눈, 폭설

ひで
日照り
가뭄

やまかじ
山火事
산불

N1

災害 (さいがい) 〔명〕
재해

災害にあった人々の支援活動をしています。
재해를 당한 사람들을 지원하는 활동을 하고 있습니다.

N2

災難 (さいなん) 〔명〕
재난

突然大きい災難にあいました。
갑자기 큰 재난에 맞닥뜨렸습니다.

N1

天災 (てんさい) 〔명〕
천재지변

去年は天災が多かった年でした。
작년은 천재지변이 많은 해였습니다.

N3

被害 (ひがい) 〔명〕
피해

大雪が降りましたが、被害は大きくありませんでした。
큰 눈이 내렸지만 피해는 크지 않았습니다.

N2

嵐 (あらし) 〔명〕
폭풍

昨夜の嵐で家と木が倒れてしまいました。
어젯밤 폭풍으로 집과 나무가 쓰러지고 말았습니다.

N4

大雪 (おおゆき) 〔명〕
폭설

大雪で、学校も会社も休みです。
폭설로 학교도 회사도 쉽니다.

N1

雪崩 (なだれ) 〔명〕
눈사태

東北地方は雪崩の被害が大きいそうです。
동북지방은 눈사태로 피해가 크다고 합니다.

N2			
吹雪(ふぶき) [명]	눈보라	吹雪(ふぶき)で一寸先(いっすんさき)も見(み)えません。	눈보라로 한 치 앞도 보이지 않습니다.
土砂崩れ(どしゃくず) [명]	산사태	土砂崩(どしゃくず)れが起(お)こりやすい所(ところ)ですから、注意(ちゅうい)してください。	산사태가 일어나기 쉬운 곳이므로 주의해 주십시오.

N2			
爆発(ばくはつ) [명]	폭발	ガスの爆発事故(ばくはつじこ)がありました。	가스 폭발 사고가 있었습니다.
火山灰(かざんばい) [명]	화산재	火山灰(かざんばい)が雪(ゆき)のように降(ふ)っています。	화산재가 눈처럼 내리고 있습니다.

N4			
火事(かじ) [명]	화재	火事(かじ)で家(いえ)も財産(ざいさん)もなくしてしまいました。	화재로 집도 재산도 잃고 말았습니다.

N4			
火(ひ) [명]	불	マッチで火(ひ)を付(つ)けました。	성냥으로 불을 붙였습니다.

N2			
炎(ほのお) [명]	불길	炎(ほのお)がもえ上(あ)がっています。	불길이 타오르고 있습니다.

N3

煙 (けむり) [명] — 연기

あそこに煙(けむり)が立(た)っています。火事(かじ)かもしれません。
저쪽에 연기가 나고 있습니다. 화재일지도 모르겠습니다.

N2

灰 (はい) [명] — 재

火事(かじ)で家(いえ)が灰(はい)になりました。
화재로 집이 재가 되었습니다.

震度 (しんど) [명] — 진도

地震(じしん)がありましたが、震度(しんど)は弱(よわ)かったです。
지진이 있었지만 진도는 약했습니다.

N1

復旧 (ふっきゅう) [명] — 복구

災害(さいがい)の復旧(ふっきゅう)作業(さぎょう)が始(はじ)まりました。
재해 복구작업이 시작되었습니다.

UNIT 20
나라와 세계

🎧 MP3를 들어보세요

かんこく
韓国
한국

きたちょうせん
北朝鮮
북한

にほん
日本
일본

ちゅうごく
中国
중국

たいわん
台湾
대만

ホンコン
香港
홍콩

モンゴル
몽골

タイ
태국

ベトナム
베트남

インド
인도

ロシア
러시아

イギリス
영국

ドイツ	フランス	オランダ	スペイン
독일	프랑스	네덜란드	스페인

イタリア	ギリシャ	スイス	スウェーデン
이탈리아	그리스	스위스	스웨덴

ノルウェー	アメリカ	カナダ	メキシコ
노르웨이	미국	캐나다	멕시코

ブラジル	アルゼンチン	オーストラリア	ニュージーランド
브라질	아르헨티나	오스트레일리아, 호주	뉴질랜드

N5	国 くに 명	나라	日本はとなりの国です。 일본은 이웃나라입니다.
N2	国家 こっか 명	국가	韓国は民主主義国家です。 한국은 민주주의 국가입니다.
	都道府県 とどうふけん 명	도도부현 (일본의 행정 구역 단위)	田中さんは日本の都道府県を全部覚えています。 다나카 씨는 일본의 도도부현을 전부 외우고 있습니다.
N4	社会 しゃかい 명	사회	高校卒業の前に社会に出て仕事を始めました。 고등학교 졸업 전에 사회에 나가 일을 시작했습니다.
N2	政府 せいふ 명	정부	政府から補助金をもらって生活しています。 정부로부터 보조금을 받아 생활하고 있습니다.
N4	国民 こくみん 명	국민	その国はお金はないけれど、国民は幸せだそうです。 그 나라는 돈은 없지만 국민은 행복하다고 합니다.
N3	国会 こっかい 명	국회	今年の予算案が国会を通過しました。 올해 예산안이 국회를 통과했습니다.

| 国会議員（こっかいぎいん）【名】 | 국회의원 | 国会議員を辞めて大統領選挙に出ます。
국회의원을 그만두고 대통령 선거에 나갈 겁니다. |

| 民主主義（みんしゅしゅぎ）【名】 | 민주주의 | 今日の授業で、民主主義の概念を習いました。
오늘 수업에서 민주주의의 개념을 배웠습니다. |

| 社会主義（しゃかいしゅぎ）【名】 | 사회주의 | 彼女は社会主義国家に住んでいます。
그녀는 사회주의 국가에 살고 있습니다. |

N3

| 大統領（だいとうりょう）【名】 | 대통령 | 韓国の大統領の名前を知っていますか。
한국 대통령의 이름을 아십니까? |

N2

| 首相（しゅしょう）【名】 | 수상 | 首相の発表を聞いて驚きました。
수상의 발표를 듣고 놀랐습니다. |

| 総理（そうり）【名】 | 총리 | 総理がテレビに出て演説をしています。
총리가 텔레비전에 나와 연설을 하고 있습니다. |

N4

| 政治（せいじ）【名】 | 정치 | 選挙は民主政治の基本です。
선거는 민주정치의 기본입니다. |

N3

選挙(せんきょ) 〖명〗 — 선거

来年(らいねん)は国会議員(こっかいぎいん)の選挙(せんきょ)があります。
내년에는 국회의원 선거가 있습니다.

N2

投票(とうひょう) 〖명〗 — 투표

今度(こんど)の選挙(せんきょ)は必(かなら)ず投票(とうひょう)します。
이번 선거는 꼭 투표하겠습니다.

N4

人口(じんこう) 〖명〗 — 인구

人口(じんこう)が減(へ)って大変(たいへん)です。
인구가 줄어 큰일입니다.

N4

世界(せかい) 〖명〗 — 세계

彼(かれ)の業績(ぎょうせき)は世界(せかい)の平和(へいわ)に寄与(きよ)しました。
그의 업적은 세계 평화에 기여했습니다.

N4

アジア 〖명〗 — 아시아

その会社(かいしゃ)はアジア各地(かくち)に製品(せいひん)を輸出(ゆしゅつ)しています。
그 회사는 아시아 각지로 제품을 수출하고 있습니다.

N3

ヨーロッパ 〖명〗 — 유럽

西洋(せいよう)の伝統的(でんとうてき)な文化(ぶんか)を見(み)にヨーロッパに行(い)きました。
서양의 전통적인 문화를 보러 유럽으로 갔습니다.

オセアニア 〖명〗 — 오세아니아

オセアニアは地球(ちきゅう)の六大陸(ろくたいりく)の一(ひと)つです。
오세아니아는 지구의 6대륙 중 하나입니다.

N4

アフリカ
명

아프리카

アフリカのジャングルを探検しました。
아프리카의 정글을 탐험했습니다.

N5

外国人（がいこくじん）
명

외국인

外国人の友達がいますか。
외국인 친구가 있습니까?

N5

韓国人（かんこくじん）
명

한국인

韓国人ははしとスプーンでご飯を食べます。
한국인은 젓가락과 숟가락으로 밥을 먹습니다.

N5

日本人（にほんじん）
명

일본인

友達のみゆきさんは日本人ですが、韓国語が上手です。
친구인 미유키 씨는 일본인인데 한국어를 잘 합니다.

N5

中国人（ちゅうごくじん）
명

중국인

クラスに中国人の友達がいます。
반에 중국인 친구가 있습니다.

부록

- 조수사 정리표
- 조사 정리표
- 명사 활용표
- な형용사 활용표
- い형용사 활용표
- 동사 활용표1
- 동사 활용표2
- 색인

● 조수사 정리표

물건 (~個)

한 개	두 개	세 개	네 개	다섯 개
いっこ 一個	にこ 二個	さんこ 三個	よんこ 四個	ごこ 五個
여섯 개	일곱 개	여덟 개	아홉 개	열 개
ろっこ 六個	ななこ 七個	はっこ 八個	きゅうこ 九個	じゅっこ/じっこ 十個

건물의 높이 (~階)

1층	2층	3층	4층	5층
いっかい 一階	にかい 二階	さんがい 三階	よんかい 四階	ごかい 五階
6층	7층	8층	9층	10층
ろっかい 六階	ななかい 七階	はっかい 八階	きゅうかい 九階	じゅっかい/じっかい 十階

잔, 컵 (~杯)

한 잔	두 잔	석 잔	넉 잔	다섯 잔
いっぱい 一杯	にはい 二杯	さんばい 三杯	よんはい 四杯	ごはい 五杯
여섯 잔	일곱 잔	여덟 잔	아홉 잔	열 잔
ろっぱい 六杯	ななはい 七杯	はっぱい 八杯	きゅうはい 九杯	じゅっぱい/じっぱい 十杯

책 (〜冊)

한 권	두 권	세 권	네 권	다섯 권
いっさつ 一冊	にさつ 二冊	さんさつ 三冊	よんさつ 四冊	ごさつ 五冊
여섯 권	일곱 권	여덟 권	아홉 권	열 권
ろくさつ 六冊	ななさつ 七冊	はっさつ 八冊	きゅうさつ 九冊	じゅっさつ/じっさつ 十冊

종이, 천, 접시 등 얇고 평평한 것 (〜枚)

한 장	두 장	세 장	네 장	다섯 장
いちまい 一枚	にまい 二枚	さんまい 三枚	よんまい 四枚	ごまい 五枚
여섯 장	일곱 장	여덟 장	아홉 장	열 장
ろくまい 六枚	ななまい 七枚	はちまい 八枚	きゅうまい 九枚	じゅうまい 十枚

병이나 연필 등의 가늘고 긴 것 (〜本)

한 병/한 자루	두 병/두 자루	세 병/세 자루	네 병/네 자루	다섯 병/다섯 자루
いっぽん 一本	にほん 二本	さんぼん 三本	よんほん 四本	ごほん 五本
여섯 병/여섯 자루	일곱 병/일곱 자루	여덟 병/여덟 자루	아홉 병/아홉 자루	열 병/열 자루
ろっぽん 六本	ななほん 七本	はっぽん 八本	きゅうほん 九本	じゅっぽん/じっぽん 十本

횟수 (~回^{かい})

1회 / 한 번	2회 / 두 번	3회 / 세 번	4회 / 네 번	5회 / 다섯 번
いっかい	にかい	さんかい	よんかい	ごかい
一回	二回	三回	四回	五回
6회 / 여섯 번	7회 / 일곱 번	8회 / 여덟 번	9회 / 아홉 번	10회 / 열 번
ろっかい	ななかい	はっかい	きゅうかい	じゅっかい/じっかい
六回	七回	八回	九回	十回

작은 동물 (~匹^{ひき})

한 마리	두 마리	세 마리	네 마리	다섯 마리
いっぴき	にひき	さんびき	よんひき	ごひき
一匹	二匹	三匹	四匹	五匹
여섯 마리	일곱 마리	여덟 마리	아홉 마리	열 마리
ろっぴき	ななひき	はっぴき	きゅうひき	じゅっぴき/じっぴき
六匹	七匹	八匹	九匹	十匹

몇 (何^{なん}~)

몇 개	몇 층	몇 잔	몇 권
なんこ	なんがい	なんばい	なんさつ
何個	何階	何杯	何冊
몇 장	몇 병 / 몇 자루	몇 번 / 몇 회	몇 마리
なんまい	なんぼん	なんかい	なんびき
何枚	何本	何回	何匹

● 조사 정리표

조사	뜻	예문
は	~은/는(주격조사)	私は 学生です。 나는 학생입니다.
	~은/는(한정)	お酒は 飲みません。 술은 마시지 않습니다.
が	~이/가(주격조사)	これが 本です。 이것이 책입니다.
を	~을/를(목적격조사)	ごはんを 食べます。 밥을 먹습니다.
の	~의(소유격)	これは 友達の かばんです。 이것은 친구의 가방입니다.
	~의 것(소유대명사)	これは 母のです。 이것은 엄마의 것입니다.
も	~도	私も 学生です。 나도 학생입니다.
と	~과/와/랑	父と 話します。 아빠와 이야기합니다.
で	~에서(장소)	学校で 勉強を します。 학교에서 공부를 합니다.
	~로(수단)	バスで 行きます。 버스로 갑니다.
に	~에(행선지)	日本に 行きます。 일본에 갑니다.
	~에(시간)	6時に 起きます。 6시에 일어납니다.
へ	~로(행선지/방향)	家へ 帰ります。 집으로 돌아갑니다.
から	~부터(시작)	授業は 午前 10時からです。 수업은 오전 10시부터입니다.
まで	~까지(종료)	銀行は 午後 4時までです。 은행은 오후 4시까지입니다.

● 명사 활용표

명사	긍정	부정
명사	～です	～じゃ ありません ～では ありません
	～입니다	～이/가 아닙니다
がくせい 학생	がくせいです 학생입니다	がくせいじゃ ありません がくせいでは ありません 학생이 아닙니다
せんせい 선생님	せんせいです 선생님입니다	せんせいじゃ ありません せんせいでは ありません 선생님이 아닙니다
かいしゃいん 회사원	かいしゃいんです 회사원입니다	かいしゃいんじゃ ありません かいしゃいんでは ありません 회사원이 아닙니다
ともだち 친구	ともだちです 친구입니다	ともだちじゃ ありません ともだちでは ありません 친구가 아닙니다
かんこくじん 한국인	かんこくじんです 한국인입니다	かんこくじんじゃ ありません かんこくじんでは ありません 한국인이 아닙니다
にほんじん 일본인	にほんじんです 일본인입니다	にほんじんじゃ ありません にほんじんでは ありません 일본인이 아닙니다

과거	과거 부정	연결
~でした	~じゃ ありませんでした ~では ありませんでした	~で
~이었습니다	~이/가 아니었습니다	~이고
がくせいでした	がくせいじゃ ありませんでした がくせいでは ありませんでした	がくせいで
학생이었습니다	학생이 아니었습니다	학생이고
せんせいでした	せんせいじゃ ありませんでした せんせいでは ありませんでした	せんせいで
선생님이었습니다	선생님이 아니었습니다	선생님이고
かいしゃいんでした	かいしゃいんじゃ ありませんでした かいしゃいんでは ありませんでした	かいしゃいんで
회사원이었습니다	회사원이 아니었습니다	회사원이고
ともだちでした	ともだちじゃ ありませんでした ともだちでは ありませんでした	ともだちで
친구였습니다	친구가 아니었습니다	친구이고
かんこくじんでした	かんこくじんじゃ ありませんでした かんこくじんでは ありませんでした	かんこくじんで
한국인이었습니다	한국인이 아니었습니다	한국인이고
にほんじんでした	にほんじんじゃ ありませんでした にほんじんでは ありませんでした	にほんじんで
일본인이었습니다	일본인이 아니었습니다	일본인이고

● な형용사 활용표

な형용사	정중 ～です ～합니다	부정 ～じゃ ありません ～では ありません ～하지 않습니다	과거 ～でした ～했습니다
だいじょうぶだ	だいじょうぶです	だいじょうぶじゃ ありません だいじょうぶでは ありません	だいじょうぶでした
괜찮다	괜찮습니다	괜찮지 않습니다	괜찮았습니다
たいへんだ	たいへんです	たいへんじゃ ありません たいへんでは ありません	たいへんでした
힘들다, 큰일이다	힘듭니다	힘들지 않습니다	힘들었습니다
げんきだ	げんきです	げんきじゃ ありません げんきでは ありません	げんきでした
활달하다	활달합니다	활달하지 않았습니다	활달했었습니다
きれいだ	きれいです	きれいじゃ ありません きれいでは ありません	きれいでした
예쁘다, 깨끗하다	예쁩니다	예쁘지 않습니다	예뻤습니다
すきだ	すきです	すきじゃ ありません すきでは ありません	すきでした
좋다, 좋아하다	좋아합니다	좋아하지 않습니다	좋아했습니다
きらいだ	きらいです	きらいじゃ ありません きらいでは ありません	きらいでした
싫다, 싫어하다	싫어합니다	싫어하지 않습니다	싫어했습니다

과거 부정	수식	연결
~じゃ ありませんでした ~では ありませんでした	~な	~で
~하지 않았습니다	~한	~하고
だいじょうぶじゃ ありませんでした だいじょうぶでは ありませんでした	だいじょうぶな	だいじょうぶで
괜찮지 않았습니다	괜찮은	괜찮고
たいへんじゃ ありませんでした たいへんでは ありませんでした	たいへんな	たいへんで
힘들지 않았습니다	힘든	힘들고
げんきじゃ ありませんでした げんきでは ありませんでした	げんきな	げんきで
활달하지 않았습니다	활달한	활달하고
きれいじゃ ありませんでした きれいでは ありませんでした	きれいな	きれいで
예쁘지 않았습니다	예쁜	예쁘고
すきじゃ ありませんでした すきでは ありませんでした	すきな	すきで
좋아하지 않았습니다	좋아하는	좋아하고
きらいじゃ ありませんでした きらいでは ありませんでした	きらいな	きらいで
싫어하지 않았습니다	싫어하는	싫어하고

● **い형용사 활용표**

い형용사	정중	부정	과거
	~です	~く ありません ~く ないです	~かったです
	~습니다	~하지 않습니다	~았/었습니다
おいしい	おいしいです	おいしく ありません おいしく ないです	おいしかったです
맛있다	맛있습니다	맛있지 않습니다	맛있었습니다
おおきい	おおきいです	おおきく ありません おおきく ないです	おおきかったです
크다	큽니다	크지 않습니다	컸습니다
ちいさい	ちいさいです	ちいさく ありません ちいさく ないです	ちいさかったです
작다	작습니다	작지 않습니다	작았습니다
ながい	ながいです	ながく ありません ながく ないです	ながかったです
길다	깁니다	길지 않습니다	길었습니다
みじかい	みじかいです	みじかく ありません みじかく ないです	みじかかったです
짧다	짧습니다	짧지 않습니다	짧았습니다
たかい	たかいです	たかく ありません たかく ないです	たかかったです
높다, 비싸다	높습니다	높지 않습니다	높았습니다

과거 부정	수식	연결
～く ありませんでした ～く なかったです	～い	～くて
~하지 않았습니다	~은/는	~고
おいしく ありませんでした おいしく なかったです	おいしい	おいしくて
맛있지 않았습니다	맛있는	맛있고
おおきく ありませんでした おおきく なかったです	おおきい	おおきくて
크지 않았습니다	큰	크고
ちいさく ありませんでした ちいさく ないです	ちいさい	ちいさくて
작지 않았습니다	작은	작고
ながく ありませんでした ながく なかったです	ながい	ながくて
길지 않았습니다	긴	길고
みじかく ありませんでした みじかく なかったです	みじかい	みじかくて
짧지 않았습니다	짧은	짧고
たかく ありませんでした たかく なかったです	たかい	たかくて
높지 않았습니다	높은	높고

● 동사 활용표1

동사		정중 〜ます 〜합니다	부정 〜ません 〜하지 않습니다	과거 〜ました 〜했습니다	과거 부정 〜ませんでした 〜하지 않았습니다
3그룹	する	します	しません	しました	しませんでした
	하다	합니다	하지 않습니다	했습니다	하지 않았습니다
	くる	きます	きません	きました	きませんでした
	오다	옵니다	오지 않습니다	왔습니다	오지 않았습니다
2그룹	見る	みます	みません	みました	みませんでした
	보다	봅니다	보지 않습니다	봤습니다	보지 않았습니다
	起きる	おきます	おきません	おきました	おきませんでした
	일어나다	일어납니다	일어나지 않습니다	일어났습니다	일어나지 않았습니다
	借りる	かります	かりません	かりました	かりませんでした
	빌리다	빌립니다	빌리지 않습니다	빌렸습니다	빌리지 않았습니다
	食べる	たべます	たべません	たべました	たべませんでした
	먹다	먹습니다	먹지 않습니다	먹었습니다	먹지 않았습니다
	あける	あけます	あけません	あけました	あけませんでした
	열다	엽니다	열지 않습니다	열었습니다	열지 않았습니다
	しめる	しめます	しめません	しめました	しめませんでした
	닫다	닫습니다	닫지 않습니다	닫았습니다	닫지 않았습니다
	入れる	いれます	いれません	いれました	いれませんでした
	넣다	넣습니다	넣지 않습니다	넣었습니다	넣지 않았습니다
	はじめる	はじめます	はじめません	はじめました	はじめませんでした
	시작하다	시작합니다	시작하지 않습니다	시작했습니다	시작하지 않았습니다

권유		희망	동시 동작
〜ませんか	**〜ましょう(か)**	**〜たい**	**〜ながら**
〜하지 않을래요?	〜합시다/〜할까요?	〜하고 싶다	〜하면서
しませんか	**しましょう(か)**	**したい**	**しながら**
하지 않을래요?	합시다/할까요?	하고 싶다	하면서
きませんか	**きましょう(か)**	**きたい**	**きながら**
오지 않을래요?	옵시다/올까요?	오고 싶다	오면서
みませんか	**みましょう(か)**	**みたい**	**みながら**
보지 않을래요?	봅시다/볼까요?	보고 싶다	보면서
おきませんか	**おきましょう(か)**	**おきたい**	**おきながら**
일어나지 않을래요?	일어납시다/일어날까요?	일어나고 싶다	일어나면서
かりませんか	**かりましょう(か)**	**かりたい**	**かりながら**
빌리지 않을래요?	빌립시다/빌릴까요?	빌리고 싶다	빌리면서
たべませんか	**たべましょう(か)**	**たべたい**	**たべながら**
먹지 않을래요?	먹읍시다/먹을까요?	먹고 싶다	먹으면서
あけませんか	**あけましょう(か)**	**あけたい**	**あけながら**
열지 않을래요?	엽시다/열까요?	열고 싶다	열면서
しめませんか	**しめましょう(か)**	**しめたい**	**しめながら**
닫지 않을래요?	닫읍시다/닫을까요?	닫고 싶다	닫으면서
いれませんか	**いれましょう(か)**	**いれたい**	**いれながら**
넣지 않을래요?	넣읍시다/넣을까요?	넣고 싶다	넣으면서
はじめませんか	**はじめましょう(か)**	**はじめたい**	**はじめながら**
시작하지 않을래요?	시작합시다/시작할까요?	시작하고 싶다	시작하면서

동사	정중 〜ます 〜합니다	부정 〜ません 〜하지 않습니다	과거 〜ました 〜했습니다	과거 부정 〜ませんでした 〜하지 않았습니다
買う	かいます	かいません	かいました	かいませんでした
사다	삽니다	사지 않습니다	샀습니다	사지 않았습니다
待つ	まちます	まちません	まちました	まちませんでした
기다리다	기다립니다	기다리지 않습니다	기다렸습니다	기다리지 않았습니다
作る	つくります	つくりません	つくりました	つくりませんでした
만들다	만듭니다	만들지 않습니다	만들었습니다	만들지 않았습니다
飲む	のみます	のみません	のみました	のみませんでした
마시다	마십니다	마시지 않습니다	마셨습니다	마시지 않았습니다
遊ぶ	あそびます	あそびません	あそびました	あそびませんでした
놀다	놉니다	놀지 않습니다	놀았습니다	놀지 않았습니다
死ぬ	しにます	しにません	しにました	しにませんでした
죽다	죽습니다	죽지 않습니다	죽었습니다	죽지 않았습니다
書く	かきます	かきません	かきました	かきませんでした
쓰다	씁니다	쓰지 않습니다	썼습니다	쓰지 않았습니다
泳ぐ	およぎます	およぎません	およぎました	およぎませんでした
헤엄치다	헤엄칩니다	헤엄치지 않습니다	헤엄쳤습니다	헤엄치지 않았습니다
話す	はなします	はなしません	はなしました	はなしませんでした
말하다	말합니다	말하지 않습니다	말했습니다	말하지 않았습니다
行く	いきます	いきません	いきました	いきませんでした
가다	갑니다	가지 않습니다	갔습니다	가지 않았습니다

1그룹

권유		희망	동시 동작
~ませんか	~ましょう(か)	~たい	~ながら
~하지 않을래요?	~합시다/~할까요?	~하고 싶다	~하면서
かいませんか	かいましょう(か)	かいたい	かいながら
사지 않을래요?	삽시다/살까요?	사고 싶다	사면서
まちませんか	まちましょう(か)	まちたい	まちながら
기다리지 않을래요?	기다립시다/기다릴까요?	기다리고 싶다	기다리면서
つくりませんか	つくりましょう(か)	つくりたい	つくりながら
만들지 않을래요?	만듭시다/만들까요?	만들고 싶다	만들면서
のみませんか	のみましょう(か)	のみたい	のみながら
마시지 않을래요?	마십시다/마실까요?	마시고 싶다	마시면서
あそびませんか	あそびましょう(か)	あそびたい	あそびながら
놀지 않을래요?	놉시다/놀까요?	놀고 싶다	놀면서
しにませんか	しにましょう(か)	しにたい	しにながら
죽지 않을래요?	죽읍시다/죽을까요?	죽고 싶다	죽으면서
かきませんか	かきましょう(か)	かきたい	かきながら
쓰지 않을래요?	씁시다/쓸까요?	쓰고 싶다	쓰면서
およぎませんか	およぎましょう(か)	およぎたい	およぎながら
헤엄치지 않을래요?	헤엄칩시다/헤엄칠까요?	헤엄치고 싶다	헤엄치면서
はなしませんか	はなしましょう(か)	はなしたい	はなしながら
말하지 않을래요?	말합시다/말할까요?	말하고 싶다	말하면서
いきませんか	いきましょう(か)	いきたい	いきながら
가지 않을래요?	갑시다/갈까요?	가고 싶다	가면서

● 동사 활용표2

동사		순서, 원인 〜て 〜하고, 〜해서	과거 〜た 〜했다	열거 〜たり 〜하거나
3그룹	する	して	した	したり
	하다	하고, 해서	했다	하거나
	くる	きて	きた	きたり
	오다	오고, 와서	왔다	오거나
2그룹	見る	みて	みた	みたり
	보다	보고, 봐서	봤다	보거나
	起きる	おきて	おきた	おきたり
	일어나다	일어나고, 일어나서	일어났다	일어나거나
	借りる	かりて	かりた	かりたり
	빌리다	빌리고, 빌려서	빌렸다	빌리거나
	食べる	たべて	たべた	たべたり
	먹다	먹고, 먹어서	먹었다	먹거나
	あける	あけて	あけた	あけたり
	열다	열고, 열어서	열었다	열거나
	しめる	しめて	しめた	しめたり
	닫다	닫고, 닫아서	닫았다	닫거나
	入れる	いれて	いれた	いれたり
	넣다	넣고, 넣어서	넣었다	넣거나
	はじめる	はじめて	はじめた	はじめたり
	시작하다	시작하고, 시작해서	시작했다	시작하거나

권유, 요청	허가	금지
～て ください	～ても いい	～ては いけない
～해 주세요	～해도 된다	～하면 안 된다
して ください	しても いい	しては いけない
해 주세요	해도 된다	하면 안 된다
きて ください	きても いい	きては いけない
와 주세요	와도 된다	오면 안 된다
みて ください	みても いい	みては いけない
봐 주세요	봐도 된다	보면 안 된다
おきて ください	おきても いい	おきては いけない
일어나 주세요	일어나도 된다	일어나면 안 된다
かりて ください	かりても いい	かりては いけない
빌려 주세요	빌려도 된다	빌리면 안 된다
たべて ください	たべても いい	たべては いけない
먹어 주세요	먹어도 된다	먹으면 안 된다
あけて ください	あけても いい	あけては いけない
열어 주세요	열어도 된다	열면 안 된다
しめて ください	しめても いい	しめては いけない
닫아 주세요	닫아도 된다	닫으면 안 된다
いれて ください	いれても いい	いれては いけない
넣어 주세요	넣어도 된다	넣으면 안 된다
はじめて ください	はじめても いい	はじめては いけない
시작해 주세요	시작해도 된다	시작하면 안 된다

동사	순서, 원인 ～て ~하고, ~해서	과거 ～た ~했다	열거 ～たり ~하거나
買う	かって	かった	かったり
사다	사고, 사서	샀다	사거나
待つ	まって	まった	まったり
기다리다	기다리고, 기다려서	기다렸다	기다리거나
作る	つくって	つくった	つくったり
만들다	만들고, 만들어서	만들었다	만들거나
飲む	のんで	のんだ	のんだり
마시다	마시고, 마셔서	마셨다	마시거나
遊ぶ	あそんで	あそんだ	あそんだり
놀다	놀고, 놀아서	놀았다	놀거나
死ぬ	しんで	しんだ	しんだり
죽다	죽고, 죽어서	죽었다	죽거나
書く	かいて	かいた	かいたり
쓰다	쓰고, 써서	썼다	쓰거나
泳ぐ	およいで	およいだ	およいだり
헤엄치다	헤엄치고, 헤엄쳐서	헤엄쳤다	헤엄치거나
話す	はなして	はなした	はなしたり
말하다	말하고, 말해서	말했다	말하거나
行く	いって	いった	いったり
가다	가고, 가서	갔다	가거나

1그룹

권유, 요청	허가	금지
～て ください	～ても いい	～ては いけない
～해 주세요	～해도 된다	～하면 안 된다
かって ください	かっても いい	かっては いけない
사 주세요	사도 된다	사면 안 된다
まって ください	まっても いい	まっては いけない
기다려 주세요	기다려도 된다	기다리면 안 된다
つくって ください	つくっても いい	つくっては いけない
만들어 주세요	만들어도 된다	만들면 안 된다
のんで ください	のんでも いい	のんでは いけない
마셔 주세요	마셔도 된다	마시면 안 된다
あそんで ください	あそんでも いい	あそんでは いけない
놀아 주세요	놀아도 된다	놀면 안 된다
しんで ください	しんでも いい	しんでは いけない
죽어 주세요	죽어도 된다	죽으면 안 된다
かいて ください	かいても いい	かいては いけない
써 주세요	써도 된다	쓰면 안 된다
およいで ください	およいでも いい	およいでは いけない
헤엄쳐 주세요	헤엄쳐도 된다	헤엄치면 안 된다
はなして ください	はなしても いい	はなしては いけない
말해 주세요	말해도 된다	말하면 안 된다
いって ください	いっても いい	いっては いけない
가 주세요	가도 된다	가면 안 된다

색인

あ

あいする(愛する)	84
あいだ(間)	118
あう(会う)	45
あお(青)	85
あおい(青い)	86
あおしんごう(青信号)	158
あか(赤)	85
あかい(赤い)	86
あかしんごう(赤信号)	158
あかちゃん(赤ちゃん)	39
あがる(上がる)	123
あかるい(明るい)	90
あき(秋)	58
あきらめる	83
あきる(飽きる)	82
アクセサリー	102
あげる	49
あげる(揚げる)	114
あご	25
あさ(朝)	14
あさい(浅い)	89
あさがお(朝顔)	72
あさごはん(朝ごはん)	110
あさって(明後日)	19
あし(足)	23
あし(脚)	23
あじ(味)	115
アジア	176
あしくび(足首)	24
あした(明日)	19
あしのつめ(足の爪)	23
あしのゆび(足の指)	23
あそこ	120
あたたかい(暖かい)	61
あたま(頭)	24
あたらしい(新しい)	90
あちら(=あっち)	121
あつい(暑い)	61
あつい(熱い)	91
あつい(厚い)	88
アナウンサー	139
あに(兄)	36
あね(姉)	36
あの	122
アパート	56
アヒル	67
あぶら(油)	106
アフリカ	177
あまい(甘い)	116
あまぐ(雨具)	60
あみもの(編み物)	124
あめ(雨)	58
アメリカ	173
あらし(嵐)	169
アリ	69
アルゼンチン	173
アルバイト	142
あれ	123
アレルギー	29

いい	75	いつつ(五つ)	12
いえ(家)	50	いっぷん(1分)	13
いか	107	いとこ	39
いかり(怒り)	74	いなずま(稲妻)	59
イギリス	172	いぬ(犬)	66
いくら	96	いま(今)	14
いけ(池)	64	いま(居間)	50
いけばな(生け花)	124	いもうと(妹)	36
いご(囲碁)	124	いもうとさん(妹さん)	36
いざかや(居酒屋)	113	いやだ(嫌だ)	79
いし(石)	62	イルカ	67
いじめる	83	いろ(色)	86
いしゃ(医者)	30, 139	いわ(岩)	62
いす(椅子)	53	いわい(祝い)	96
いずみ(泉)	64	いわう(祝う)	83
いたい(痛い)	34	インド	172
いたみ(痛み)	30	うえ(上)	117
いたもどめ(痛み止め)	33	うえる(植える)	73
イタリア	173	うさぎ	66
いち(一)	12	うし(牛)	66
いち(位置)	120	うしろ(後ろ)	117
いちおく(一億)	12	うすい(薄い)	116
いちがつ(1月)	16	うそつき	46
いちご	107	うたをうたう(歌を歌う)	126
いちじ(1時)	13	うちゅう(宇宙)	63
いちねんせい(一年生)	131	うつくしい(美しい)	91
いちまん(一万)	12	うつわ	55
いつ	17	うで(腕)	23
いつか(5日)	16	うでどけい(腕時計)	99
いっこだて(一戸建て)	56	うどん	105

색인

うどんや(うどん屋)	113
うま(馬)	66
うまい	115
うみ(海)	63
うみべ(海辺)	65
うめ(梅)	72
うら(裏)	119
うらやましい	77
うりば(売り場)	94
うる(売る)	97
うるさい	91
うれしい(嬉しい)	75
うわぎ(上着)	100
うんてん(運転)	149
うんてんしゅ(運転手)	139
うんてんめんきょ(運転免許)	149
うんてんめんきょしょう(運転免許証)	149
うんどう(運動)	126
うんどうかい(運動会)	138
うんどうじょう(運動場)	129
エアコン	51
えいが(映画)	127
えいがかん(映画館)	161
えいぎょう(営業)	144
えいご(英語)	135
えき(駅)	155
えきべん(駅弁)	152
えさ	70
えだ(枝)	71
えのぐ(絵の具)	137
えび	107
エプロン	55
えらぶ(選ぶ)	98
えをかく(絵を描く)	126
えんそうかい(演奏会)	127
えんぴつ	137
おい	39
おいしい	115
おうきゅうてあて(応急手当)	167
おうだんほどう(横断歩道)	156
おおあめ(大雨)	60, 168
おおい(多い)	87
おおきい(大きい)	86
オーストラリア	173
おおどおり(大通り)	156
オーブン	55
おおみそか	18
おおゆき(大雪)	168, 169
おか(丘)	64
おかあさん(お母さん)	36
おかしい	76
おかす(犯す)	166
おかわり(お代わり)	113
おきゃくさん(お客さん)	94
おこさん(お子さん)	40
おこのみやき(お好み焼き)	105
おこる(怒る)	82
おさけ(お酒)	106
おしい(惜しい)	78
おじいさん	36

おしいれ	54
おじさん	39
おしゃれだ	104
おしょうがつ(お正月)	18
おしり	24
オセアニア	176
おそい(遅い)	90
おちゃ(お茶)	106
おちゃわん	55
おっと(夫)	38
おでこ	25
おとうさん(お父さん)	36
おとうと(弟)	36
おとうとさん(弟さん)	36
おとこのひと(男の人)	41
おとしより(お年寄り)	40
おととい(一昨日)	19
おとな(大人)	40
おとなしい(大人しい)	47
おどろき(驚き)	74
おどろく(驚く)	82
おにいさん(お兄さん)	36
おねえさん(お姉さん)	36
おばあさん	36
おばさん	38
おふろ(お風呂)	56
おぼん	55
おまわりさん(お巡りさん)	163
おみまい(お見舞い)	34
おみやげ(お土産)	95
おもい(重い)	88
おもしろい(面白い)	76
おもて(表)	118
おや(親)	37
おやこ(親子)	37
おやつ	111
おやゆび(親指)	26
おゆ(お湯)	114
オランダ	173
おりる(降りる)	148
おりる(下りる)	123
オレンジ	107
おんがく(音楽)	135
おんがくかい(音楽会)	127
おんがくをきく(音楽を聞く)	126
おんなのひと(女の人)	41

か

か(蚊)	69
カーテン	51
かいがいりょこう(海外旅行)	128
かいぎ(会議)	143
がいこくじん(外国人)	177
かいさつぐち(改札口)	151
かいしゃいん(会社員)	140
がいしゅつ(外出)	144
かいだん(階段)	50
かいもの(買い物)	95
かう(買う)	97
かえる(蛙)	67

색인

かお(顔)	23	かなしむ(悲しむ)	82
がか(画家)	139	カナダ	173
かがく(科学)	135	かに	107
かがくしゃ(科学者)	139	かのじょ(彼女)	42
かかと	24	かばん	103
かかみ	56	カフェ	113
かぐ(家具)	52	かぶる	102
がくせい(学生)	129	かべ(壁)	50
かさ	60	がまんする(我慢する)	84
かざる(飾る)	102	かみ(髪)	23
かざん(火山)	60	かみなり(雷)	59
かざんばい(火山灰)	170	かめ(亀)	67
かじ(火事)	170	カメラマン	139
かしゅ(歌手)	139	かもく(科目)	134
ガスレンジ	55	カモメ	67
かぜ(風)	58	かゆい	34
かぜ(風邪)	28	かようび(火曜日)	19
かぜぐすり(風邪薬)	33	がら(柄)	86
かぞく(家族)	37	からい(辛い)	115
ガソリンスタンド	161	カラス	67
かた(肩)	24	かるい(軽い)	88
かたい(固い)	90	かれ(彼)	42
かたおもい(片思い)	43	カレーライス	105
がっこう(学校)	129	かれし(彼氏)	42
かっこういい(格好いい)	104	かわ(川)	63
かってだ(勝手だ)	48	かわいい	104
かていりょうり(家庭料理)	110	かわいそうだ	81
かでんせいひん(家電製品)	57	がんか(眼科)	31
かなしい(悲しい)	75	かんこうバス(観光バス)	150
かなしみ(悲しみ)	74	かんこく(韓国)	172

かんこくじん(韓国人)	177	きみわるい(気味悪い)	77
かんこくりょうり(韓国料理)	111	きもの(着物)	100
かんごし(看護師)	31, 139	キャンセル	128
かんじゃ(患者)	31	きゅう(九)	12
かんじょう(勘定)	96	きゅうきゅうしゃ(救急車)	166
かんたんだ(簡単だ)	93	ぎゅうどん(牛丼)	105
かんどう(感動)	74	ぎゅうにく(牛肉)	108
かんどうする(感動する)	84	ぎゅうにゅう(牛乳)	106
がんばりや(頑張りや)	46	きゅうにん(九人)	13
かんばん(看板)	161	きゅうひゃく(九百)	12
かんらん(観覧)	127	きゅうふん(9分)	13
き(木)	71	きゅうりょう(給料)	145
きいろ(黄色)	85	きょう(今日)	19
きがみじかい(気が短い)	47	きょうかしょ(教科書)	137
きぎょう(企業)	143	きょうし(教師)	139
きく(菊)	72	きょうしつ(教室)	135
きしゃ(記者)	141	きょうじゅ(教授)	140
きしゃ(汽車)	147	きょうだい(兄弟)	37
きず(傷)	30	きょうふ(恐怖)	74
きせつ(季節)	59	ぎょうむ(業務)	144
きせつのかわりめ(季節の変わり目)	59	きょねん(去年)	21
きた(北)	117	きらい(嫌い)	74
きたちょうせん(北朝鮮)	172	きらいだ(嫌いだ)	78
きたない(汚い)	92	きらう(嫌う)	81
きつね	66	きらくだ(気楽だ)	81
きっぷ(切符)	151	きり(霧)	60
きっぷうりば(切符売り場)	151	ギリシャ	173
きにいる(気に入る)	98	きる(着る)	101
きのう(昨日)	19	きれいだ	92
きぶんがわるい(気分が悪い)	77	ぎんこう(銀行)	155

색인

ぎんこういん(銀行員) 141	くやしい(悔しい) 78
きんにく(筋肉) 27	くらい(暗い) 90
きんむする(勤務する) 146	クラス 132
きんようび(金曜日) 19	クラスメート 132
くうこう(空港) 152	クリーニングや(クリーニング屋) 160
くがつ(9月) 16	クリスマス 17
くき(茎) 71	くるしい(苦しい) 75
くさ(草) 71	くるしみ(苦しみ) 74
くさい(臭い) 92	くるま(車) 148
くじ(9時) 13	くるまいす(車椅子) 34
くしゃみ 28	クレジットカード 97
クジラ 67	くれる 49
くすり(薬) 33	くろ(黒) 85
くすりや(薬屋) 160	くろい(黒い) 86
くすりゆび(薬指) 26	ぐんじん(軍人) 139
くだもの(果物) 109	けいえい(経営) 143
くだものや(果物屋) 160	けいさつかん(警察官) 139, 163
くだらない 77	げいじゅつ(芸術) 126
くち(口) 25	けいれき(経歴) 142
くちびる 25	けが 29
くつ 99	げか(外科) 31
くつした(靴下) 101	げかにん(けが人) 165
クッション 51	けさ(今朝) 15
くに(国) 174	けしゴム(消しゴム) 137
くび(首) 24	けしょうひん(化粧品) 104
くま(熊) 66	けちだ 48
くも(雲) 58	けっこん(結婚) 44
くもり(曇り) 58	けっせき(欠席) 134
くもる(曇る) 61	げつようび(月曜日) 19
くやくしょ(区役所) 159	けむり(煙) 171

けんかする	45	こくご(国語)	134
げんかん(玄関)	50	こくさいせん(国際線)	152
げんきだ(元気だ)	47	こくないせん(国内線)	152
げんきん(現金)	96	こくはく(告白)	43
けんこう(健康)	28	こくみん(国民)	174
ご(五)	12	ここ	120
こい(濃い)	116	ごご(午後)	14
こいぬ(子犬)	68	ここのか(9日)	16
こいびと(恋人)	43	ここのつ(九つ)	12
こうえん(公園)	155	こし	24
ごうかく(合格)	133	ごじ(5時)	13
こうこう(高校)	130	ごぜん(午前)	14
こうこうせい(高校生)	131	こたつ	54
こうさてん(交差点)	157	こちら(=こっち)	121
こうずい(洪水)	168	こっか(国家)	174
こうそうビル(高層ビル)	158	こっかい(国会)	174
こうそくどうろ(高速道路)	157	こっかいぎいん(国会議員)	175
こうそくバス(高速バス)	150	ことし(今年)	21
こうつう(交通)	148	こども(子供)	39
こうつうじこ(交通事故)	162	こどものひ(子供の日)	18
こうはい(後輩)	41	こねこ(子猫)	68
こうばん(交番)	164	この	122
こうむいん(公務員)	140	このむ(好む)	81
コート	98	ごはん(ご飯)	105
コーヒー	106	ごひゃく(五百)	12
コーラ	106	こぶし	27
こおり(氷)	62	ごふん(5分)	13
ごかい(誤解)	43	ごまあぶら(ごま油)	106
ごがつ(5月)	16	こまる(困る)	83
ゴキブリ	70	ごみばこ	53

색인

こゆび(小指)	26
ゴルフ	125
これ	122
こわい(怖い)	76
ごにん(五人)	13
こんげつ(今月)	21
こんしゅう(今週)	20
こんちゅう(昆虫)	68
コンビニ	155
こんや(今夜)	15
こんやく(婚約)	44

さ

さいがい(災害)	169
サイズ	96
さいなん(災難)	169
さいふ(財布)	103
さかな(魚)	109
さかなや(魚屋)	160
さぎ(詐欺)	164
さく(咲く)	73
さくねん(昨年)	21
さくひん(作品)	127
さくや(昨夜)	15
さくら(桜)	72
さけ	107
さしみ	105
さっか(作家)	141
サッカー	125
ざっし(雑誌)	51
さつじん(殺人)	164
さつまいも	108
さとう(砂糖)	106
さば	107
さばく(砂漠)	65
さびしい(寂しい)	76
ざぶとん	51
さみしがりや(寂しがりや)	46
さむい(寒い)	61
さむけ(寒気)	29
サメ	67
さら	55
サラダ	105
サラリーマン	140
さる	66
さん(三)	12
さんかくけい(三角形)	85
さんがつ(3月)	16
ざんぎょうする(残業する)	146
サングラス	103
さんじ(3時)	13
さんじ(惨事)	165
さんじゅういちにち(31日)	16
さんじゅうにち(30日)	16
さんじゅっぷん/さんじっぷん/はん(30分)	13
サンダル	99
さんにん(三人)	13
ざんねんだ(残念だ)	80
さんびゃく(三百)	12

さんふじんか(産婦人科)	32	しっぷ	33
さんぷん(3分)	13	じてんしゃ(自転車)	147
さんぽ(散歩)	124	じどうしゃ(自動車)	147
さんま	107	しないバス(市内バス)	149
し/よん(四)	12	しはらい(支払い)	96
しあわせだ(幸せだ)	79	じびいんこうか(耳鼻咽喉科)	32
シートベルト	149	しぼう(死亡)	162
ジーパン	101	しま(島)	65
シェフ	113, 139	しまい(姉妹)	37
しお(塩)	106	じみだ(地味だ)	92
しか(鹿)	66	しめる(締める)	101
しかくけい(四角形)	85	シャーペン	137
しがつ(4月)	16	しゃかい(社会)	174
しかる(叱る)	83	しゃかいしゅぎ(社会主義)	175
じかん(時間)	14	じゃがいも	108
じかんわり(時間割り)	133	しやくしょ(市役所)	159
じきゅう(時給)	145	ジャケット	98
しけん(試験)	133	シャツ	98
じこ(事故)	164	しゃどう(車道)	155
しごと(仕事)	140	じゅう(十)	12
じしん(地震)	168	じゅういちがつ(11月)	16
しずかだ(静かだ)	48	じゅういちじ(11時)	13
した	25	じゅういちにち(11日)	16
した(下)	117	じゅうがつ(10月)	16
したぎ(下着)	100	じゅうくにち(19日)	16
しち/なな(七)	12	じゅうごにち(15日)	16
しちがつ(7月)	16	じゅうさんにち(13日)	16
しちじ(7時)	13	じゅうじ(10時)	13
しっけ(湿気)	59	じゅうしちにち(17日)	16
しつど(湿度)	59	じゅうしょ(住所)	158

색인

しゅうしょく(就職)	142	しょうにか(小児科)	31
ジュース	106	しょうねん(少年)	40
じゅうたい(渋滞)	157	しょうひん(商品)	95
じゅうにがつ(12月)	16	しょうぼうし(消防士)	139, 165
じゅうにじ(12時)	13	しょうぼうしゃ(消防車)	166
じゅうににち(12日)	16	しょうぼうしょ(消防署)	166
じゅうにん(十人)	13	しょうめん(正面)	119
じゅうはちにち(18日)	16	しょうゆ	106
じゅうぶんだ(十分だ)	79	しょくぎょう(職業)	140
しゅうまつ(週末)	20	しょくじ(食事)	110
じゅうよっか(14日)	16	しょくたく(食卓)	55
じゅうろくにち(16日)	16	しょくどう(食堂)	112
じゅぎょう(授業)	132	しょくば(職場)	142
しゅくだい(宿題)	133	しょくぶつ(植物)	73
しゅじゅつ(手術)	34	しょさい(書斎)	50
しゅしょう(首相)	175	しょっぱい	116
しゅっきん(出勤)	143	しょるい(書類)	144
しゅっせき(出席)	134	しらべる(調べる)	167
しゅっちょう(出張)	145	しりあい(知り合い)	42
じゅっぷん/じっぷん(10分)	13	しろ(白)	85
しゅふ(主婦)	141	しろい(白い)	86
しゅみ(趣味)	126	しんかんせん(新幹線)	151
しょうか(消火)	165	しんごう(信号)	155
しょうかき(消火器)	165	じんこう(人口)	176
しょうがくせい(小学生)	130	しんさつ(診察)	32
しょうがっこう(小学校)	130	しんしつ(寝室)	50
しょうじきだ(正直だ)	47	しんせつだ(親切だ)	48
しょうじょ(少女)	40	しんど(震度)	171
しょうせつか(小説家)	141	しんぱいする(心配する)	84
しょうてんがい(商店街)	95	しんぷ(新婦)	44

語	ページ
しんぶん(新聞)	51
しんろう(新郎)	44
す	106
すいえい(水泳)	125
すいか	107
スイス	173
すいはんき(炊飯器)	55
すいようび(水曜日)	19
スウェーデン	173
すうがく(数学)	134
スーパー	155
スカート	98
すがた(姿)	102
すき(好き)	74
スキー	125
すきだ(好きだ)	78
すくない(少ない)	87
スケート	125
すし	105
すしや(すし屋)	112
すずしい(涼しい)	61
ずつう(頭痛)	29
すっぱい	116
すてきだ(素敵だ)	92
ストライプ	85
すなおだ(素直だ)	47
スニーカー	99
すばらしい(素晴らしい)	91
スプーン	55
スペイン	173
スポーツ	126
スポーツせんしゅ(スポーツ選手)	141
ズボン	99
スポンジ	55
すり	162
せ(背)	102
せいかく(性格)	45
せいかつようひん(生活用品)	57
せいけいげか(整形外科)	32
せいじ(政治)	175
せいしんか(精神科)	32
せいせき(成績)	133
せいねんがっぴ(生年月日)	17
せいふ(政府)	174
せいふく(制服)	129
セーター	98
せかい(世界)	176
せき(咳き)	28
せなか(背中)	24
せまい(狭い)	88
せみ	69
せん(千)	12
せんきょ(選挙)	176
せんげつ(先月)	20
せんしゅう(先週)	20
せんせい(先生)	129
せんたくき(洗濯機)	56
せんぱい(先輩)	41
せんぷうき(扇風機)	53
せんめんだい(洗面台)	56

색인

ぞう(像)	66	だいこん(大根)	108
そうじき(掃除機)	51	たいしゃ(退社)	143
そうり(総理)	175	だいじょうぶだ(大丈夫だ)	79
そこ	120	たいしょく(退職)	145
そちら(=そっち)	121	だいすきだ(大好きだ)	78
そつぎょう(卒業)	132	たいせつだ(大切だ)	79
そつぎょうしき(卒業式)	132	だいとうりょう(大統領)	175
そと(外)	117	だいどころ(台所)	50
その	122	たいふう(台風)	168
そば	105	たいほ(逮捕)	163
そば	118	タイヤ	148
そばや(そば屋)	112	たいよう(太陽)	63
そふ(祖父)	36	たいわん(台湾)	172
ソファー	51	タオル	56
そぼ(祖母)	36	たかい(高い)	87, 97
そら(空)	63	たき(滝)	65
それ	123	たく(炊く)	115
		タクシー	147
た		たけ(竹)	72
タイ	172	たこ	107
たいいく(体育)	135	たしかだ(確かだ)	93
たいいくかん(体育館)	136	たたみ(畳み)	54
たいいくたいかい(体育大会)	138	たっきゅう(卓球)	125
たいいん(退院)	34	たて	118
だいがく(大学)	130	たてもの(建物)	158
だいがくいん(大学院)	130	たに(谷)	64
だいがくせい(大学生)	131	たね(種)	73
だいきぎょう(大企業)	143	たのしい(楽しい)	75
だいきらいだ(大嫌いだ)	79	たのしみ(楽しみ)	74
たいくつだ(退屈だ)	81	たのしむ(楽しむ)	82

見出し語	ページ	見出し語	ページ
たべもの(食べ物)	109	ちゅうごく(中国)	172
だます	166	ちゅうごくじん(中国人)	177
たまねぎ(玉ねぎ)	108	ちゅうしゃ(注射)	33
たまらない	77	ちゅうしゃじょう(駐車場)	50, 149
だれ(誰)	40	ちゅうしょうきぎょう(中小企業)	143
だんじょ(男女)	41	ちゅうもん(注文)	113
たんじょうび(誕生日)	17	ちょう(蝶)	69
ダンス	124	ちりょう(治療)	32
たんす	52	ついたち(1日)	16
たんぼ	64	つかまえる(捕まえる)	167
たんぽぽ	72	つかれ(疲れ)	30
ち(血)	27	つき(月)	63
ちいさい(小さい)	87	つきあう(付き会う)	45
チェックアウト	128	つくえ(机)	53
チェックイン	128	つけもの	111
チェックがら(チェック柄)	85	つける	102
ちかい(近い)	88	つち(土)	62
ちかてつ(地下鉄)	150	つとめる(勤める)	146
ちかどう(地下道)	157	つなみ(津波)	168
ちかみち(近道)	157	つば(唾)	27
ちきゅう(地球)	62	つばき	72
チケット	127	つぼみ	71
ちち(父)	36	つま(妻)	37
チャーハン	105	つまさき(つま先)	27
ちゃいろ(茶色)	85	つまらない	77
ちゃくりく(着陸)	153	つみ(罪)	163
ちゅうおう(中央)	119	つめ(爪)	26
ちゅうがくせい(中学生)	131	つめたい(冷たい)	91
ちゅうがっこう(中学校)	130	つゆ(梅雨)	60
ちゅうかりょうり(中華料理)	112	つよい(強い)	89

색인

つり(釣り)	124	ドア	50
つる(鶴)	67	ドイツ	173
て(手)	23	トイレ	50
であう(出会う)	45	とうざいなんぼく(東西南北)	118
ていしょく(定食)	111	とうじょう(搭乗)	152
デート	43	とうじょうぐち(搭乗口)	152
テーブル	51	とうじょうけん(搭乗券)	152
てくび(手首)	26	とうちゃく(到着)	153
デザイナー	139	とうひょう(投票)	176
テスト	133	どうぶつ(動物)	68
てつづき(手続き)	153	どうぶつえん(動物園)	159
てつどう(鉄道)	151	どうりょう(同僚)	41
テニス	125	どうろ(道路)	156
デパート	161	とお(十)	12
てぶくろ(手袋)	99	とおい(遠い)	88
でまえ(出前)	110	とおか(10日)	16
テレビ	51	とおり(通り)	156
てんいん(店員)	94	どくしょ(読書)	124
てんき(天気)	59	とけい(時計)	51
でんきスタンド(電気スタンド)	52	どこ	120
てんこう(転校)	132	とこのま(床の間)	54
てんさい(天災)	169	ところ(所)	120
てんじかい(展示会)	127	としうえ(年上)	42
でんしゃ(電車)	147	としした(年下)	42
てんじょう(天井)	54	どしゃくずれ(土砂崩れ)	170
てんしょく(転職)	145	としょかん(図書館)	135
でんしレンジ(電子レンジ)	55	どちら(=どっち)	122
でんわき(電話機)	53	ドットがら(ドット柄)	85
でんわにでる(電話に出る)	146	とどうふけん(都道府県)	174
でんわをかける(電話をかける)	145	となり	118

どの	122	ななつ(七つ)	12
トマト	108	ななにん(七人)	13
ともだち(友達)	41	ななひゃく(七百)	12
どようび(土曜日)	19	ななふん(7分)	13
とら(虎)	66	なのか(7日)	16
ドライブ	124	なばビール(生ビール)	106
ドライヤー	56	なべ	55, 111
トラック	147	なまいきだ(生意気だ)	48
とり(鳥)	68	なまけもの(怠け者)	46
とりにく(鶏肉)	109	なみ(波)	58
どれ	123	なみだ(涙)	27
どろぼう	162	なんがつ(何月)	17
とんかつ	105	なんきょく(南極)	62
トンネル	157	なんじなんぷん(何時何分)	14
どんぶり	105	なんにち(何日)	17
とんぼ	69	なんようび(何曜日)	19
		に(二)	12
な		にあう(似合う)	98
ないか(内科)	31	にがい(苦い)	116
なおる(治る)	35	にがつ(2月)	16
なか(中)	117	にく(肉)	108
ながい(長い)	87	にくい(憎い)	76
ながしだい(流し台)	55	にくむ(憎む)	82
なかなおり(仲直り)	44	にし(西)	117
なかゆび(中指)	26	にじ	58
なさけない(情けない)	78	にじ(2時)	13
なだれ(雪崩)	169	にじゅういちにち(21日)	16
なつ(夏)	58	にじゅうくにち(29日)	16
なつかしい(懐かしい)	76	にじゅうごにち(25日)	16
なつやすみ(夏休み)	134	にじゅうさんにち(23日)	16

색인

にじゅうしちにち(27日)	16	ねだん(値段)	96
にじゅうににち(22日)	16	ねつ(熱)	28
にじゅうはちにち(28日)	16	ネックレス	99
にじゅうよっか(24日)	16	ねむい(眠い)	35
にじゅうろくにち(26日)	16	ねんまつ(年末)	21
にちようび(日曜日)	19	ノート	137
にひゃく(二百)	12	のど	23
にふん(2分)	13	のはら(野原)	64
にほん(日本)	172	のぼる(登る)	123
にほんじん(日本人)	177	のみもの(飲み物)	114
にゅういん(入院)	34	のり	137
にゅうがく(入学)	131	のりかえ(乗り換え)	151
にゅうがくしき(入学式)	131	のりまき	105
にゅうこくカード(入国カード)	153	のる(乗る)	148
ニュージーランド	173	ノルウェー	173
にゅうしゃ(入社)	142	のんきだ	49
にる(煮る)	114	のんびりする	49
にわ(庭)	50		
にわかあめ(にわか雨)	60	**は**	
にわとり(鶏)	67	は(葉)	71
にんじん	108	は(歯)	25
にんにく	108	はい(灰)	171
ぬぐ(脱ぐ)	101	はいいろ(灰色)	85
ぬすむ(盗む)	166	バイク	147
ね(根)	71	はいしゃ(歯医者)	32
ねがう(願う)	83	バイト	142
ネギ	108	はいゆう(俳優)	141
ネクタイ	99	ハエ	69
ねこ(猫)	66	はきけ(吐き気)	29
ねずみ	66	はく	101

はく(吐く)	35	はっぴゃく(八百)	12
はくさい	108	はっぷん(8分)	13
はくちょう(白鳥)	67	はでだ(派手だ)	92
ばくはつ(爆発)	170	ハト	67
はくぶつかん(博物館)	159	バドミントン	125
はさみ	137	はな(鼻)	25
はし	55	はな(花)	71
はし(橋)	155	はながら(花柄)	85
はしごしゃ(はしご車)	166	バナナ	107
パジャマ	98	はなびら(花びら)	71
ばしょ(場所)	120	はなみず(鼻水)	28
バス	147	はなむこ(花婿)	44
はずかしい(恥ずかしい)	75	はなや(花屋)	160
はずかしがりや(恥ずかしがりや)	46	はなよめ(花嫁)	44
はずかしさ(恥ずかしさ)	74	はは(母)	36
バスケットボール	125	はブラシ(歯ブラシ)	56
バスてい(バス停)	150	はみがき	57
パスポート	153	はみがきこ	56
パソコン	53	はやい(早い)	90
はたけ(畑)	64	はら(腹)	23
はたらきもの(働き者)	46	ばら	72
はたらく(働く)	146	はらう(払う)	98
はち(蜂)	69	はる(春)	58
はち(八)	12	はれ(晴れ)	58
はちがつ(8月)	16	バレーボール	125
はちじ(8時)	13	はれる(晴れる)	61
はちにん(八人)	13	バレンタインデー	18
〜はつ(〜発)	150	ハンカチ	103
はつか(20日)	16	はんざい(犯罪)	163
ばっきん(罰金)	163	ハンサムだ	92

색인

はんズボン(半ズボン)	101	ひとみ	25
はんそで(半そで)	100	ひとめぼれ(一目ぼれ)	43
パンダ	66	ひとり(一人)	13
ハンドバック	103	ひふか(皮膚科)	31
はんにん(犯人)	163	ひまわり	72
はんばい(販売)	95	ひまん(肥満)	30
パンや(パン屋)	161	ひゃく(百)	12
ひ(火)	170	ひゃくえんショップ(100円ショップ)	161
ピアニスト	139	ひゃくとおばん(110番)	165
ヒーター	52	びょういん(病院)	30
ピーマン	108	びょうき(病気)	28
ビール	106	びようし(美容師)	139
ひがい(被害)	169	ひよこ	67
ひがし(東)	117	ビル	155
ひかり(光)	63	ひる(昼)	14
ひきだし(引き出し)	52	ひるごはん(昼ごはん)	110
ひくい(低い)	87	ひろい(広い)	88
ひこうき(飛行機)	147	ひろば(広場)	155
ひざ	23	ファックス	144
ひじ	24	ふかい(深い)	89
びじゅつ(美術)	135	ぶかつ(部活)	138
びじゅつかん(美術館)	159	ふきん	55
ひだり(左)	117	ふく(服)	100
びっくりする	84	ふくざつだ(複雑だ)	93
ひつじ(羊)	66	ふこうだ(不幸だ)	80
ひでり(日照り)	168	ふしぎだ(不思議だ)	80
ひと(人)	40	ぶた(豚)	66
ひとごろし(人殺し)	162	ふたつ(二つ)	12
ひとさしゆび(人指し指)	26	ぶたにく(豚肉)	109
ひとつ(一つ)	12	ふたり(二人)	13

ふつか(2日)	16	ペダル	148
ふっきゅう(復旧)	171	ベッド	52
ぶつだん(仏壇)	54	ペットをかう(ペットを飼う)	70
ふで	137	ベトナム	172
ふでばこ	137	へび(蛇)	67
ぶどう	107	へや(部屋)	50
ふとる(太る)	104	ベランダ	50
ふとん	52	ヘリコプター	147
ふね(船)	147	ベルト	99
ふぶき(吹雪)	170	ペン	137
ふべんだ(不便だ)	93	べんき(便器)	56
ふまじめだ(不真面目だ)	47	べんきょう(勉強)	132
ふみきり(踏み切り)	157	ペンギン	67
ふゆ(冬)	58	べんごし(弁護士)	140
ふゆかいだ(不愉快だ)	79	へんだ(変だ)	80
ふゆやすみ(冬休み)	134	べんとう(弁当)	110
フライパン	55	べんぴ(便秘)	29
ブラジル	173	べんりだ(便利だ)	93
ふられる	45	ほうか(放火)	162
フランス	173	ほうかい(崩壊)	162
プリンター	144	ほうこう(方向)	119
ふる(降る)	61	ぼうこう(暴行)	162
ふるい(古い)	90	ぼうし(帽子)	99
ブレーキ	148	ほうたい(包帯)	33
プレゼント	95	ぼうりょく(暴力)	164
ぶんかさい(文化祭)	138	ほお/ほっぺた	25
ぶんぼうぐ(文房具)	136	ポーチ	103
へいきだ(平気だ)	80	ボーナス	145
ベスト	98	ボールペン	137
へそ	23	ほし(星)	63

색인

ポスト	155
ほそい(細い)	89
ほたる(蛍)	70
ほっきょく(北極)	62
ポット	55
ホテル	128
ほどう(歩道)	155
ほどうきょう(歩道橋)	156
ほね(骨)	27
ほのお(炎)	170
ほめる	83
ホワイトデー	18
ほんきだ(本気だ)	81
ホンコン(香港)	172
ほんだな(本棚)	53
ほんや(本屋)	160

ま

まいしゅう(毎週)	20
まいつき(毎月)	21
まいとし(毎年)	22
まいにち(毎日)	20
まえ(前)	117
まがる(曲がる)	123
まくら	52
まじめだ(真面目だ)	47
まずい	115
まち(町)	156
まつ(松)	72
まつげ	25
まっすぐ	119
まど(窓)	52
まぶた	25
マフラー	103
まゆ(眉)	25
マラソン	125
まる(丸)	85
マンション	56
み(実)	71
みかん	107
みぎ(右)	117
みじかい(短い)	87
みず(水)	114
みずうみ(湖)	65
みずぎ(水着)	100
みせ(店)	94
みそ(味噌)	106
みそしる(味噌汁)	105
みち(道)	156
みっか(3日)	16
みっつ(三つ)	12
みどりいろ(緑色)	85
みなと(港)	153
みなみ(南)	117
みなり(身なり)	102
みにくい	91
みみ(耳)	25
みんしゅしゅぎ(民主主義)	175
むいか(6日)	16
むき(向き)	119

むこう(向こう)	119
むし(虫)	68
むじ(無地)	85
むす(蒸す)	115
むずかしい(難しい)	89
むすこ(息子)	38
むすこさん(息子さん)	38
むすめ(娘)	38
むすめさん(娘さん)	38
むだだ(無駄だ)	80
むっつ(六つ)	12
むね	23
め(目)	25
め(芽)	73
めい	39
めいわくをかける(迷惑をかける)	84
めがね	99
メキシコ	173
めぐすり(目薬)	33
メニュー	113
めまい(目眩)	29
めん	111
めんせつ(面接)	142
めんどうくさい(面倒くさい)	77
めんどうだ(面倒だ)	81
もくようび(木曜日)	19
もったいない	78
もみじ(紅葉)	72
もも	23
もも(桃)	107
もらう	49
もり(森)	63
モンゴル	172

や

やおや(やお屋)	160
やかん	55
やきにく(焼肉)	105
やきもち	44
やきゅう(野球)	125
やく(焼く)	114
やけど(火傷)	30
やさい(野菜)	109
やさしい	89
やさしい(優しい)	46
やすい(安い)	97
やせる	104
やっきょく(薬局)	160
やっつ(八つ)	12
やなぎ(柳)	72
やね(屋根)	50
やま(山)	63
やまかじ(山火事)	168
やまのぼり(山登り)	124
やわらかい	91
ゆうえんち(遊園地)	159
ゆうかい(誘拐)	164
ゆうがた(夕方)	15
ゆうごはん(夕ごはん)	110
ゆうびん(郵便)	158

색인

ゆうびんきょく(郵便局)	159	よわい(弱い)	89
ゆうべ	15	よんひゃく(四百)	12
ゆうめいだ(有名だ)	93	よんぷん(4分)	13
ゆか(床)	54		
ゆかいだ(愉快だ)	49	**ら**	
～ゆき(～行き)	150	ラーメン	105
ゆき(雪)	58	ラーメンや(ラーメン屋)	112
ゆきさき(行き先)	150	ライオン	66
ゆくえふめい(行方不明)	165	らいげつ(来月)	21
ゆび	26	らいしゅう(来週)	20
ゆびわ(指輪)	99	らいねん(来年)	21
よあけ(夜明け)	15	らく(楽)	74
ようか(8日)	16	らくだ(楽だ)	80
ようしつ(洋室)	57	ラジオ	53
ようしょく(洋食)	112	らち(拉致)	164
ようちえん(幼稚園)	130	りくち(陸地)	63
ようふく(洋服)	100	りこん(離婚)	44
ヨーロッパ	176	りっぱだ(立派だ)	93
ヨガ	124	りゅうがくせい(留学生)	131
よくしつ(浴室)	50	りょう(寮)	136
よくばりだ(欲張りだ)	48	りょうきん(料金)	149
よこ	118	りょうしん(両親)	37
よじ(4時)	13	りょうり(料理)	109, 124
よっか(4日)	16	りょかくせん(旅客船)	154
よっつ(四つ)	12	りょかん(旅館)	128
よにん(四人)	13	りょこう(旅行)	124
よやく(予約)	128	りりく(離陸)	153
よる(夜)	15	りれきしょ(履歴書)	142
よろこび(喜び)	74	りんご	107
よろこぶ(喜ぶ)	82	るす(留守)	144

れいぞうこ(冷蔵庫)	55
レストラン	112
れっしゃ(列車)	151
レポート	133
れんあい(恋愛)	43
ろうか(廊下)	136
ろく(六)	12
ろくがつ(6月)	16
ろくじ(6時)	13
ろくにん(六人)	13
ロケット	147
ロシア	172
ろっぴゃく(六百)	12
ろっぷん(6分)	13

わ

ワイン	106
わかす(沸かす)	114
わがままだ	48
わかれる(別れる)	45
わき	24
わしつ(和室)	54
わしょく(和食)	111
わたし(私)	36
わたる(渡る)	158
ワニ	67
わりかん(割り勘)	97
わりびき(割引)	95
わるい(悪い)	75
ワンピース	98

memo

memo